7161

CATALOGUE

DES LIVRES

DE

LA BIBLIOTHÈQUE

DE LA VILLE

DE FOUGÈRES,

PUBLIÉ

Par M. Léon Maupillé, Conservateur de la Bibliothèque,

SOUS L'ADMINISTRATION DE M. MARTIN, MAIRE.

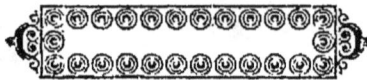

FOUGÈRES,

JOSSE, IMPRIMEUR-LIBRAIRE,

PLACE ROYALE.

1842.

La Bibliothèque de la ville de Fougères, fondée en 1838 par M. le baron de Pommereul, Maréchal-de-Camp d'Artillerie en retraite, est établie provisoirement dans les bâtiments du Collège.

Elle est ouverte au public les dimanche, mardi, jeudi et vendredi de chaque semaine, depuis deux heures de l'après-midi jusqu'à six heures.

Depuis le mois de novembre jusqu'au mois d'avril, elle est ouverte les dimanches et jeudis, depuis deux heures jusqu'à cinq ; les mardi et vendredis, depuis quatre heures jusqu'à sept.

Conservateur, M. Léon Maupillé.
Sous–Bibliothécaire, M. Fouquet.

L'*astérisque* * indique les ouvrages incomplets.

N. B. Nous invitons les personnes qui achèteront le présent Catalogue à se faire inscrire, afin qu'on puisse leur remettre les suppléments qui seront donnés gratis à ceux qui en auront fait l'acquisition.

CATALOGUE

DES LIVRES

DE LA BIBLIOTHÈQUE

DE FOUGÈRES.

BIBLIOGRAPHIE.

	vol.	form.
TRAITÉ élémentaire de Bibliographie, par Boulard. Paris., 1804.	1	in-8.
Traité des plus belles Bibliothèques de l'Europe, par Le Gallois. Paris, 1608.	1	in-12.
Dictionnaire raisonné de Bibliologie, par Peignot. Paris, 1802.	3	in-8.
Dictionnaire typographique des livres rares, par Osmont. Paris, 1768.	2	in-8.
Dictionnaire des Romanciers. Paris, 1821.	1	in-8.
Manuel du Libraire, par Brunet. P. 1820.	4	in-8.
Dictionnaire des ouvrages anonymes et pseudonymes, par Ant. Barbier. Paris, 1806.	4	in-8.
Bibliothèque d'Ant. du Verdier. Lyon, 1595.	1	in-f°.
Bibliothèque historique de la France, par Jacques Le Long. Paris, 1768.	5	in-f°.
Essai bibliographique sur les éditions des Elzévirs, par Bérard. P. 1822.	1	in-8.
Bibliotheca Uffenbachiana. Halæ, 1720.	1	in-f°.
Bibliothèque de Hohendorf. La Haye, 1820.	2	in-8.
Bibliotheca Fayana. Paris, 1725.	1	in-8.
Bibliothèque de Barré. Paris, 1743.	1	in-8.

	vol.	form.
Bibliothèque des Jésuites. Paris, 1863.	1	in-8.
— d'Astruc. Paris, 1766.	1	in-8.
— de Gayot. Paris, 1770.	1	in-8.
— de Floncel. Paris, 1774.	1	in-8.
— de Courtenvaux. P. 1782.	1	in-8.
— d'Hangard. P. 1789.	1	in-8.
— de Fourcroy. P. 1810.	1	in-8.
— de Sales. Paris.		
— de Sursy. Paris.	1	in-8.
— de Gaueheret. Bruxelles.	1	in-12.
— de Chénier. Paris, 1811.	1	in-8.
— de La Croix du Maine. P. 1584.	1	in-f°.
Bibliothèque de la ville de Rennes. Rennes, 1813-1828.	3	in-8.
Bibliothèq. de la ville de Laval. Laval, 1839.	1	in-8.
Mélanges bibliographiques. P. an vii.	1	in-8.
* Notice et Extraits des manuscrits de la Bibliothèque royale. Paris, 1787.	7	in-4.
Traité de matériaux manuscrits, par Alexis Monteil. P. 1835.	2	in-8.

BELLES-LETTRES.

GRAMMAIRE.

Langue Française.

	vol.	form.
Grammaire des Grammaires, par Girault-Duvivier. P. 1812.	2	in-8.
Grammaire générale, par Napoléon Landais. P. 1839.	1	in-4.
OEuvres de Dumarsais. P. 1797.	7	in-8.
Rudiments de la Traduction, par Ferry de S.-Constant. P. 1811.	2	in-12.
L'art de bien parler français, par de la Touche. Amsterdam, 1630.	2	in-12.
De l'universalité de la langue française, par Rivarol. Berlin, 1784,	1	in-8.

	vol.	form.
L'Art de lire à haute voix.	1	in-8.
Principes généraux de la Grammaire française, par Restaut. P. 1803.	1	in-12.
Abrégé de la Grammaire française par de Wailly. P. 1794.	1	in-12.
Grammaire des demoiselles, par Mademoiselle Vauvillers. P. 1813.	1	in-12.
Dictionn. du mauvais langage. Lyon, 1813.	1	in-8.
Glossaire de la Langue Romane. P. 1808.	2	in-8.
Dictionnaire de la Langue Bretonne, par Le Pelletier. P. 1752.	1	in-f.º
Dictionnaire général de la Langue Française, par Nap. Landais. P. 1839.	2	in-4.
Dictionn. français, par Rolland. Lyon, 1812.	2	in-8.
Nouveau Vocabulaire de la Langue Française, par le même. Lyon, 1812.	1	in-8.
Traité de la Prosodie française, par d'Olivet. Paris, 1813.	1	in-8.
Essai sur la valeur des désinences grecques, latines et françaises, par Gail. P. 1808.	1	in-8.
Remarques sur la Langue Française, par d'Olivet. P. 1767.	1	in-12.
Cacographie et Cacologie, par Le Tellier, Paris, 1824.	1	in-12.
Cacographie, par Boinvilliers. P. 1813.	1	in-12.
Sténographie exacte, par Conen de Prepéan. Cours complet de Tachygraphie, par Hue. Caen, 1811.	1	in-8.
Dictionnaire des mots français dérivés du Grec, par Morin. P. 1803.	1	in-8.
Synonimes français, par Girard. Bordeaux, 1802.	3	in-12.
Nouveau choix de Synonimes français, par Le Roy de Flagis. Paris, 1812.	2	in-8.
Des Homonymes français, par Philipon de la Madelaine.	1	in-8.

Langues étrangères.

Grammaire Hébraïque, par Sétier, fils. Paris, 1814.	1	in-18.

	vol.	form.
Abrégé de la nouvelle Méthode pour apprendre la Langue Grecque. Paris, 1731.	1	in-12.
Le Jardin des racines grecques. Paris, 1741.	1	in-12.
Dictionnaire français-grec, par Zaligoglos. Paris, 1809.	1	in-8.
Cours de Latin en deux ans. P. 1809.	1	in-8.
Synonimes latins, par Gardin. P. 1777.	1	in-12.
Didymi taurinensis Litteraturæ copticæ Rudimentum. Parmæ, 1783.	1	in-8.
Grammaire Italienne, par Vénéroni. Lyon, 1771.	1	in-8.
Grammaire Italienne raisonnée, par Biagioli. Paris, 1812.	1	in-8.
Grammaire Italienne simplifiée, par Vergani. Paris, 1817.	1	in-12.
Dictionnaire Italien-Français et Français-Italien, par Martinelli. Paris, 1797.	2	oblong.
Dizionario Italiano, Latino e Francese, d'Antonini. Lyon, 1770.	2	in-4.
Sinonimi aggiunti. Venise, 1764.	1	in-4.
Grammaire espagnole, par Sobrino. Avignon, 1801.	1	in-8.
Grammatica de la Lengua Castellana. Madrid, 1796.	1	in-12.
Vocabulaire Français et Espagnol. Montpellier, 1811.	1	in-12.
Dictionnaire Espagnol-Français et Français-Espagnol, par Cormon. Lyon, 1803.	2	in-8.
Dictionnaire Espagnol et Français, par Gattel. Paris, 1806.	1	oblong.
Grammaire Portugaise, par Seret. P. an VIII.	1	in-8.
Dictionnaire Portugais et Français. P. 1812.	2	oblong.
Grammaire Anglaise, par Robinet. Amsterdam, 1774.	1	in-12.
Eléments de la Langue Anglaise, par Siret. Paris, 1814.	1	in-8.
Grammaire Anglaise, par Le Noir. Londres, 1800.	2	in-8.
Dictionnaire Anglais-Français et Français-Anglais, par Boyer. Paris, 1815.	2	in-8.
Le même, par le même. London.	1	in-8.

	vol.	form.
Dictionnaire Français-Allemand et Allemand-Français. Strasbourg, 1810.	2	in-4.
Dictionnaire Français-Allemand et Allemand-Français. Leipsick, 1802.	1	in-16.
Dictionnaire Français-Hollandais et Hollandais-Français, par Blussé. Dordreckt, 1811.	2	in-8.
Grammaire Flamande, par Desroches. Malines, 1812.	1	in-12.
Dictionnaire Français-Flamand et Flamand-Français, par Desroches. Anvers, 1812.	2	in-8.
Dictionnaire avec entretiens en Français et en Flamand. Ypres, 1812.	1	in-16.

RHÉTORIQUE. — ÉLOQUENCE.

Rhétorique française, par Domairon. P. 1812.	1	in-12.
Essai de Rhétorique, par Naudét. P. 1813.	1	in-12.
Des Tropes, par Dumarsais. S.-Brieuc, 1811.	1	in-12.
Dialogues sur l'Eloquence, par Fénélon. Paris, 1810.	1	in-12.
Opere d'Isocrate recate dal greco nel' Italiano idioma, da G. M. Labanti. Paris, 1813.	2	in-8.
Quintilien, de l'institution de l'orateur, trad. par l'abbé Gedoyn. 1812.	6	in-12.
Commentaires sur Quintilien, par Pottier.	1	in-12.
Discours de Mirabeau à l'Assemblée nationale. P, 1791.	5	in-8.
Oraisons funèbres de Bossuet. P. 1802.	1	in-18.
Oraisons funèbres de Fléchier, Mascaron, Bourdaloue et Massillon. Paris, 1811.	2	in-18.
* Sermons de Massillon. 1745.	9	in-12.
Petit Carême de Massillon. 1803.	1	in-18.
OEuvres de Bourdaloue. Versailles, 1812.	16	in-8.

POÉSIE.

Traités de poésie, collections, extraits, recueils.

Cours de Poésie sacrée, par Lowth. P. 1813.	1	in-8.
Traité de la Versification française. P. 1811.	1	in-12.

	vol.	form.
Les vrais principes de la Versification française, par Scoppa. 1812.	3	in-8.
* Encyclopédie poétique. P. 1780.	17	in-8.
Fabliaux et contes des 12e, 13e, 14e et 15e siècles, par Barbezan. P. 1796.	3	in-12.
Recueil des Poètes français depuis Villon jusqu'à Benserade, par de Fontenelle. Paris, 1792.	6	in-12.
Recueil des épigrammatistes français. Amsterdam, 1784.	2	in-12.
Recueil d'épigrammes et bons mots. Amsterdam, 1726.	1	in-12.
Portefeuille d'un homme de goût. 1765.	2	in-12.
Elite de poésies fugitives, par Luneau de Bois-Germain. 1769.	5	in-12.
Les Bijoux des neuf sœurs. 1790.	2	in-18.
Annales poétiques, depuis l'origine de la poésie française. P. 1778.	21	in-12.
Recueil de divers ouvrages en prose et en vers, par Le Laboureur. P. 1675.	1	in-4.
Recueil de pièces choisies, prose et vers. Paris, 1714.	2	in-12.
Les Délices de la jeunesse chrétienne, ou Recueil de morceaux peu connus sur des sujets religieux. P. 1835.	1	in-8.
Le Parnasse des Dames. 1773.	3	in-8.
Almanach des Muses, de 1765 à 1822.	30	in-12.
Hommages poétiques sur la naissance du Roi de Rome. P. 1811.	2	in-4.
Etrennes du Parnasse. P. 1771-1786.	10	in-18.
Mélanges de poésies.	1	in-8.
Notice et extraits des Poètes grecs et latins.	3	in-18.
Notice et extraits des Poètes latins. P. 1771.	2	in-18.
Essai sur la Poésie italienne. P. 1778.	2	in-18.
Choix de Poésies anglaises et allemandes. Avignon, 1770.	1	in-12.

Poètes français.

Le Roman de la Rose, par G. de Lorris et J. de Meun, dit Clopinel. Paris, 1735.	4	in-12.

		vol.	form.
OEuvres de J. Marot.		1	in-12.
La Farce de Pathelin, par Pierre Blanchet.		1	in-12.
Légende de Pierre Faifeu.		1	in-12.
Poésies de Crétin.		1	in-12.
Poésies de Coquillard.		1	in-12.
OEuvres de Villon.	Édit. de Coustelier, Paris, 1723.	1	in-12.
— de Martial de Paris.		2	in-12.
Les Amours d'Olivier de Magny. P. 1553.		1	in-8.
OEuvres de Louise Charly. Lyon, 1762.		1	in-12.
— de Dubellay. Rouen, 1592.		2	in-12.
Les Poésies de Jacques Tahureau. P. 1574.		1	in-8.
Les Vaudevires, par Basselin. Vire, 1811.		1	in-8.
OEuvres de Montreuil. P. 1684.		1	in-12.
La Franciade, par P. de Laudun. P. 1603.		1	in-12.
Poésies de Bouillon. P. 1603.		1	in-12.
OEuvres nouvelles de Le Pays. P. 1674.		1	in-12.
Amitiés, amours et amourettes, du même. Grenoble, 1664.		1	in-12.
Le faut mourir, par J. Jacques. Rouen, 1675.		1	in-12.
Poésies de Malleville. 1649.		1	in-4.
— de Maynard. 1646.		1	in-4.
— de Gombaud. P. 1646.		1	in-4.
— de Colletet. 1656.		1	in-12.
— de Saint-Amand.		1	in-4.
— de Brébœuf. 1658.		1	in-4.
— de Godeau. P. 1660.		3	in-12.
— de Ménage.		1	in-4.
La Pucelle, ou la France délivrée, par Chapelain. 1656.		1	in-f.º
OEuvres de Voiture. P. 1672.		1	in-12.
— de Benserade. P. 1692.		2	in-8.
— de Mme de la Suze. P. 1684.		2	in-12.
— de Segrais. P. 1755.		2	in-12.
— de Chaulieu. La Haye, 1774.		2	in-8.
Fables de La Motte. Paris, 1719.		1	in-12.
Odes de La Motte. Paris, 1707.		1	in-12.
OEuvres complètes de J.-B. Rousseau. Clermont, 1812.		1	in-18.
OEuvres de J.-B. Rousseau. Paris, an VII.		1	in-18.
— choisies de La Monnoye. La Haye, 1770.		3	in-8.

	vol.	form.
Contes et nouvelles du sieur Vergier. P. 1727.	1	in-8.
OEuvres complètes de Vadé. Troyes, an VI.	6	in-18.
La Religion, poème par L. Racine. Lyon, 1810.	1	in-18.
Poésies de Coulanges. Paris, 1753.	1	in-12.
— de Ferrand. Londres, 1747.	1	in-12.
— de Du Cerceau. Amsterdam, 1751.	2	in-12.
L'art de peindre, par Vatelet. Paris, 1760.	1	in-4.
Les Fastes, par Le Mierre. Paris, 1779.	1	in-8.
OEuvres de Bernard. Paris, 1803.	2	in-18.
— de Bernis. Avignon, 1811.	2	in-18.
— de Gresset. Londres, 1765.	2	in-12.
— de Malfilastre. Paris, 1805.	1	in-12.
Poésies diverses de Bonnard. Paris, 1791.	1	in-8.
OEuvres choisies de Barthe. Paris, 1811.	1	in-12.
— de Colardeau. Paris, 1803.	2	in-18.
— de Léonard. Paris, 1797.	2	in-8.
La Chandelle d'Arras, par du Laurens. Paris, 1807.	1	in-12.
OEuvres de Gilbert. Paris, an X.	2	in-18.
— de Crignon. 1786.	1	in-18.
— de Rulhières. Paris, 1808.	1	in-8.
Les Saisons, par S. Lambert. 1771.	1	in-8.
OEuvres de madame Barbier du Bocage. Lyon, 1770.	3	in-8.
Fables de Nivernois. Paris, 1796.	1	in-8.
Poésies de Dorange et Fournier. P. 1813.	1	in-8.
— de Sédaine. Paris, 1760.	2	in-12.
Folliculus, par Luce Lancival. Paris, 1813.	1	in-8.
OEuvres complètes de Delille. P. 1800-1812.	17	in-18.
— de Desmahis et de Champfort. Paris, 1813.	1	in-12.
Bucoliques de Virgile, traduites par Tissot. Paris, 1811.	1	in-18.
Les Chevaliers de la Table ronde, par Creuzé de Lesser. Paris, 1812.	1	in-18.
Amadis de Gaule, par le même. P. 1814.	1	in-18.
Poésies de mesdames de Salm et de Mandelot. Paris, 1811.	1	in-8.
— de mesdames Dufresnoy et des Bordes. Paris, 1813.	1	in-12.
— de Vigée. Paris, 1813.	1	in-18.

	vol.	form.
Poésies de Ginguéné et Barjaut. P. 1812.	1	in-18.
Fables de Le Bailly. Paris, 1812.	1	in-12.
Le printemps d'un proscrit, par Michaud. Paris, 1803.	1	in-18.
Epîtres et Poésies de Ducis. Paris, 1814.	1	in-12.
Essai sur la nature champêtre, par Lezai Marnésia. Paris, 1787.	1	in-8.
L'Atlantiade, par N. Le Mercier. P. 1812.	1	in-8.
Poésies de Duault. Paris, 1803.	1	in-12.
— de Le Gouvé et de Vigée. P. an VII.	1	in-18.
— d'André Chénier. Paris, 1819.	1	in-8.
— de Carnot. Paris, 1820.	1	in-8.
— de Viennet et de Dupâty. P. 1819-21.	1	in-8.
— de Chénier, et l'Art de dîner en ville. Paris, an VI.	1	in-18.
— diverses du Rouve de Savi. P. 1811.	1	in-8.
— nationales, par d'Avrigny. P. 1812.	1	in-8.
— en patois languedocien, par Taudon. Montpellier, 1813.	1	in-8.
Poésie catholique, par Edouard Turquety. Paris, 1836.	1	in-8.
Voyage à Ermenonville, poème par Cohen. Paris, 1814.	1	in-16.
OEuvres de Rallier. Paris, 1813.	2	in-8.
Les Bosquets d'agrément, par Hécart. Paris, 1808.	1	in-8.
Les Belges, par Le Mayeur. Bruxelles, 1812.	1	in-8.
Oreste, par Dumesnil. Paris, 1810.	1	in-8.
Walpole, par Alletz. Paris, 1825.	1	in-8.
Le Grondeur, satyre. Paris, 1813.	1	in-8.
L'Imprimerie, poème par Dondey-Dupré. Paris, 1812.	1	in-8.
Essai sur l'art poétique. 1812.	1	in-12.

Traductions ou Imitations de Poètes étrangers.

Le Psalmiste, par de Boisgelin. Londr. 1799.	1	in-8.
OEuvres d'Homère, trad. par Bitaubé, suiv. des autres œuvres de Bitaubé. P. 1804.	9	in-8.
L'Iliade, traduite en vers français par Aignan. Paris, 1812.	2	in-8.

2

	vol.	form.
L'Odyssée, traduite par Gin. Paris, 1783.	3	in-12.
Les vers dorés de Pythagore, par Fabre d'Olivet. Paris, 1813.	1	in-8.
Essai sur Pindare, par Vauvilliers. P. 1772.	1	in-12.
Odes d'Anacréon, traduites en vers par J.-B. de Saint-Victor. Paris, 1810.	1	in-8.
Odes d'Anacréon, traduites en vers français. Paris, 1811.	1	in-18.
Poésies d'Anacréon, traduites en vers français. Avignon, 1813.	1	in-24.
Idylles de Théocrite, traduites par Gail. Paris, 1792.	1	in-8.
OEuvres de Virgile, traduites par Desfontaines. Lyon, 1812.	4	in-18.
Bucoliques de Virgile, traduites par Firmin Didot. Paris, 1810.	1	in-8.
L'Enéide de Virgile, traduite par Ruault. Paris, 1806.	1	in-8.
OEuvres d'Horace, traduites en vers français par le chevalier des Aigneaux. P. 1588.	1	in-8.
Satyres de Juvénal, traduites en vers par Raoul. Meaux, 1811.	2	in-8.
Satyres de Perse, traduites en vers par le même. Meaux, 1812.	1	in-8.
Métamorphoses d'Ovide, traduites par l'abbé Banier. Amsterdam, 1732.	1	in-f.º
Les mêmes, traduites par Renouard. P. 1619.	1	in-f.º
La Satyre de Pétrone, trad. par Nodat. 1698.	2	in-8.
La Thébaïde de Stace, traduite par Cormilliole. Paris, 1783.	3	in-12.
L'Achilléide et les Sylves de Stace, traduits par le même. Paris, 1802.	2	in-12.
Silius Italicus, traduit par Lefèvre Vilbrune. Paris, 1781.	3	in-12.
Valérius Flaccus (Argonautique), traduit par Dureau de la Malle. Paris, 1811.	3	in-8.
Apollonius de Rhodes, traduit par Caussin. Paris, an v.	1	in-8.
Les Astronomiques de Manilius, traduites par Pingré. Paris, 1786.	2	in-8.
Poésies de Jean Second, traduites par Loraux. Paris, 1812.	1	in-8.

	vol.	form.
Poésies d'Ossian, traduites par Le Tourneur. Paris, 1777.	2	in-8.
Temora, trad. par S.-Simon. Amst. 1774.	1	in-8.
Le Paradis perdu de Milton, traduit par Du- pré de S.-Maur. Avignon, 1811.	1	in-8.
— par Mosheron. Paris, 1788.	2	in-8.
— par M. de Châteaubriand. P. 1837.	2	in-8.
Dissertation critique sur le Paradis perdu de Milton, par de Magny. Paris, 1729.	1	in-12.
OEuvres complètes de Lord Byron, traduites par B. La Roche. (*Ed. du Panth. littér.*) Paris, 1839.	1	in-8.
La Divine Comédie du Dante, traduite par Artaud. Paris, 1813.	3	in-8.
La Jérusalem délivrée, traduite en vers fran- çais par Baour-Lormian. P. 1809.	3	in-8.
— par M. * Paris, 1812.	1	in-18.
Les Veillées du Tasse, traduites par Barrère. Paris, 1804.	1	in-8.
Le Sceau enlevé, par Creuzé de Lesser. Paris, an VIII.	1	in-12.
Richardet, par Dumourier. Liège, 1776.	1	in-18.
L'Arcadie de Sannazar. Paris, 1737.	1	in-12.
La Lusiade, traduite par Duperron Castera. Amsterdam, 1735.	3	in-12.
Arminius ou la Germanie délivrée, traduit par E. Paris, 1769.	1	in-12.
OEuvres de Gessner. Paris, 1812.	4	in-18.
La Mort d'Abel, traduite en vers français par Boucharlat. Paris, 1812.	1	in-18.
Eloge de la ville de Moukden, poème de Kien-song, trad. par le P. Amiot. P. 1770.	1	in-8.

Poètes Italiens.

	vol.	form.
La divina Comedia di Dante Alighieri. Fi- renze, 1813.	4	in-18.
La Gerusalemme liberata di Torq. Tasso. Pisa, 1807.	2	in-f.º
Aminta favola di T. Tasso. Roma, 1666.	1	in-24.
Il Misogallo di V. Alfieri. Italia, 1806.	1	in-4.
L'Italia liberata di Trissino. Parigi, 1729.	3	in-12.

	vol.	form.
Orlando innamorato di Bojardo. Venezia, 1782.	2	in-12.
Il Ricciardetto di Nicolo Forteguerri. Pisa, 1812.	2	in-18.
Gli animi parlanti di G. Casti. Genova, 1802.	1	in-12.
Il Zibaldone del padre A. da Verrochio. 1805.	1	in-12.
L'Adone del Marino (*Elsévir*). Amsterdam, 1678.	4	in-24.
Filli di Sciro del conte Guidubaldo (*Elsévir*). Amsterdam, 1678.	1	in-24.
Napoleonide di Stefano Petroni. Napoli, 1809.	1	in-4.
Le Rime di Petrarca. Parigi, 1768.	2	in-16.
Stanze di messer Aug. Politiano. 1541.	2	in-16.
Opere varie di Lud. Ariosto. Parigi, 1784.	3	in-16.
Poesie liriche di Chiabrera. Londra, 1781.	3	in-12.
Scelta di Poesie liriche di Mollo. P. 1811.	1	in-12.
Versi sciolti di Carlo Frugoni, di Franc. Algherotti, etc. Venezia, 1776.	1	in-8.
La Secchia rapita di A. Tassoni. P. 1766.	1	in-8.
Il Morgante maggiore di Luigi Pulci. Londra, 1768.	3	in-16.
Favole di Luigi Grillo. Parigi, 1789.	1	in-16.
Favole e novelle di Lorenzo Pignotti. Parigi, 1786.	1	in-18.
Poesie di Lor. Pignotti Aretino. Pisa, 1798.	2	in-16.
La Treccia donata di Lorenzo Pignotti. Firenze, 1808.	1	in-16.
Poesie di Vincenzo Monti. Pisa, 1800.	1	in-16.
— di Gherardo de Rossi. Pisa, 1798.	1	in-16.
— di Aurelio Bertola. Pisa, 1798.	1	in-16.
— di Luigi Ceretti. Pisa, 1799.	1	in-16.
— di Franc. Fracassini. Firenze, 1810.	1	in-16.
Versi di Aurelio Bernieri. Parma, 1811.	3	in-16.
Poesie erotiche di P. Balbiani. Firenze, 1812.	1	in-8.
Poesie di Luigi Ceretti. Pisa, 1813.	2	in-8.
Le Odi d'Anacreonte, trad. da Majneri. Piacenza, 1811.	1	in-12.
Leda e Giove di Fr. Gianni. Parigi, 1812.	1	in-12.
I Saluti del matino di Fr. Gianni. P. 1813.	1	in-8.
Scelta di Poesie italiane, da Bened. Bassi. Parigi, 1783.	2	in-4.
Novelle galanti di Giamb. Casti. Italia, 1783.	6	in-16.

	vol.	form.
Lo Scoglio dell' umanità di Valdecio. In Venezia , 1785.	2	in–12.
Le Opere di M. Giov. Ruccellai. In Padova. 1772.	1	in–12.

Poètes Espagnols.

	vol.	form.
Obras poeticas de Garcia de la Huerta. Madrd , 1778.	2	in–8.
La Araucana de Alonzo de Ercilla. Madrid , 1776.	2	in–8.
El Monserrate de Cristobal de Virués. Madrid , 1805.	1	in–12.
Varias Poesias de D. Hernando de Acugna. Madrid , 1804.	1	in–12.
Obras de Garcilaso de la Vega. Madrid , 1796.	1	in–18.

ART DRAMATIQUE.

Traités généraux.—Mémoires.—Histoire des théâtres.

	vol.	form.
Observations sur l'art du comédien , par d'Hannetaire. Paris , 1775.	1	in–8.
Sur la perfection du jeu théâtral, par Dufresnel. Liège , 1782.	1	in–12.
Cours de littérature dramatique , par Schlœgel, trad. de l'allemand. Genève , 1814.	3	in–8.
Mémoires de Le Kain. Paris , 1801.	1	in–8.
Mémoires de M.elle Clairon. Paris , an VII.	1	in–8.
Mémoires de M.elle Dumesnil. Paris , an VII.	1	in–8.
Lettre sur le Théâtre anglais. Paris , 1752.	2	in–12.
Histoire du Théâtre français , par les frères Parfait. Paris , 1745.	15	in–12.
Bibliothèque du Théâtre français. 1768.	3	in–8.

Dramatiques anciens et modernes.

	vol.	form.
Théâtre des Grecs par le P. Brumoy. Paris , 1785.	13	in–8.
Tragédies d'Eschyle. Paris , 1770.	1	in–8.

	vol.	form.
Annæi Senecæ tragediæ. Amsterdam, 1682.	1	in-8.
Théâtre français au moyen-âge, publié par MM. Monmerqué et Francisque Michel. (*Panth. littér.*) Paris, 1839.	1	in-8.
Théâtre français. Paris, 1737.	11	in-12.
Les œuvres et mélanges poétiques d'Etienne Jodelle. Paris, 1574.	1	in-4.
Théâtre de P. Corneille, avec commentaire de Voltaire. Genève, 1774.	4	in-4.
OEuvres de Racine. Londres, 1723.	2	in-4.
— de Crébillon. Paris, 1812.	3	in-8.
— de Molière. Paris, 1734.	6	in-4.
— choisies de Le Sage et de Saurin. Paris, 1813.	1	in-18.
Théâtre de Lafontaine. Paris, 1812.	1	in-18.
OEuvres choisies de Belloy. Paris, 1811.	1	in-12.
— de Destouches. Paris, 1757.	4	in-4.
— de M. de Boissy. Paris, 1758.	4	in-12.
Théâtre de Nivélle de la Chaussée. P. 1752.	3	in-12.
Les deux Gendres, par M. Etienne, et pièces relatives. Paris, 1811.	2	in-8.
Théâtre de campagne. Paris, 1767.	1	in-8.
— de Quinault. Paris, 1739.	5	in-12.
— anglais. 1746.	8	in-12.
Choix de pièces du Théâtre anglais. 1756.	1	in-12.
Théâtre des maisons d'éducation, par Jauffret. Lyon, 1811.	1	in-12.
Opere di V. Alfieri. Italia, 1808.	11	in-4.
Drammi scelti di Metastasio. Parigi, 1804.	2	in-12.
* Opere di Metastasio. Firenze, 1814.	1	in-16.

Pièces de théâtre détachées.

TRAGÉDIES.

Agon, sultan de Bautan, trad. du Hollandais.
Astyanax, par Rey.
Brunehaut, par M. Aignan.
Charles IX, par M. J. Chénier.
Darius Codoman, par Devineau.
Dina, tragedia di Antonmaria Robìola.

Egisthe et Clytemnestre, par Goudeville et Mont-Riché.
Iphigénie en Tauride, par Guymond de la Touche.
Jean Calas, par Laya.
Maximien, par M.me Hortence Céré-Barbé.
Mérope di Voltaire, tradotta in versi Italiani.
La mort de Henri IV, par Gabriel Le Gouvé.
OEdipe chez Admète, par Ducis.
Omasis ou Joseph en Egypte, par Baour-Lormian.
Polissena, trag. dell' avocato Cesare Olivieri.
Polissena, trag. di Gio.-Batista Niccolini.
Les Polonais, par La Montagne.
Pyrrhus ou les OEacides, par Le Hoc.
Le roi Léar, par Ducis.
Sylla, par E. de Jouy.
Telegono, tragedia di Francisco Benedetti.
Les Templiers, par Raynouard.
Thémistocle, par Th. Licquet.
Tippo-Saïb, par E. Jouy.
Tippo-Saïb, ou la destruction de l'empire de Mysore, par
    Henry de Brévannes.

COMÉDIES, VAUDEVILLES ET PIÈCES ANECDOTIQUES.

Adélaïde ou l'antipathie pour l'amour, comédie.
Avant, pendant et après, esquisse historique, par Scribe
    et Rougemont.
Le Bureau d'Esprit, comédie, par le chevalier Rutlige.
Callot à Nancy, comédie, par Dumolard.
La Casa disabitata, farsa di Giovanni Giraud.
Le Courtisan dans l'embarras, comédie-anecdote, par
    Dartois et Dupin.
Le Couvent ou les Fruits du caractère et de l'éducation,
    par Laujon.
Les Dépositaires, comédie mêlée de vaudevilles, par M. *
Il don Pilon ove Bacchettone falso, comedia di Gir. Gigli.
La Famille Moscovite, fait historique, par Désaugiers.
Gargantua ou Rabelais en voyage, comédie par Dumersan.
L'hôtel en vente ou encore M. Guillaume, comédie-
    anecdote, par M. Sewrin.
L'Inconstant, comédie par Collin-d'Harleville.
L'Intrigante ou l'École des familles, comédie par
    Etienne.

Melle De Launay à la Bastille, comédie historique.

Le Mariage de Charlemagne, tableau historique par de Rougemont.

Le Menuisier de Livonie ou les Illustres voyageurs, comédie par Alex. Duval.

Mon Oncle Tobie, comédie-vaudeville par Monperlier.

Les Noms changés ou l'Indifférent corrigé, comédie par Brunet.

N.º 13 ou la Nuit d'avant la Noce, comédie par Théaulon et Fulgence.

L'Ombre de Mirabeau, pièce épisodique.

L'Optimiste ou l'Homme content de tout, comédie par Collin d'Harleville.

Les Pages au sérail, vaudeville par Théaulon et Dartois.

La Petite Revue Lyonnaise ou Fanchon la Vielleuse à Lyon, comédie-vaudeville par E. Dupâty.

Le Philinte de Molière ou la Suite du Misantrope, comédie par Fabre d'Eglantine.

Il Poeta disperato, comedia del signor Avelloni.

Les Prometteurs ou l'Eau bénite de cour, comédie par L. B. Picard.

Qui des deux a raison? ou la Leçon de danse, comédie par Dumaniant.

Le Réveil d'Epiménides à Paris, comédie par de Flins.

Le Sansonnet ou la Petite Honorine, comédie-vaudeville par Auguste.

La Vedova scaltra, comedia del signor Goldoni.

Vol au vent ou le Pâtissier d'Anières, folie en un acte.

Voltaire à Romilly, trait historique par W. d'Abancourt.

DRAMES, MÉLODRAMES ET OPÉRAS.

Adolphe de Halden ou l'Orpheline du château, mélodrame par Cuvelier.

Les Aubergistes de qualité, opéra-comique par E. de Jouy.

Axur, roi d'Armus, opéra.

Célestine et Faldone ou les Amants de Lyon, drame historique.

La Citerne, mélodrame par Guilbert-Pixérécourt.

Echo et Narcisse, opéra.

L'enfant de l'amour, mélodrame par Caigniez.

Évélina, drame par Rigaud.

Les femmes infidèles, opéra-vaudeville par Monperlier.

Jérusalem délivrée, opéra de Baour-Lormian.

Maria Stuarda liberata da Carbonaj, dramma del avocato Carlo Federici.

I misteri Eleusini, dramma per musica.

La Morte vivante, mélodrame par Caigniez.

Les Noces d'Estelle ou le Troubadour languedocien, opéra par Bertrand.

Gli Orazi e Curiazi, tragedia per musica.

Le petit Carillonneur ou la Tour ténébreuse, mélodrame par Guilbert de Pixérécourt.

MYTHOLOGIE et FABLE.

	vol.	form.
Dictionnaire de mythologie, par l'abbé de Claustre. Paris, 1765.	2	in-8.
Dictionnaire abrégé de la Fable, par Chompré. Paris, 1811.	1	in-18.
Connaissance de la mythologie, par A. Alletz. Paris, 1786.	1	in-8.
Lettres à Emilie sur la mythologie, par Demoustier. Paris, 1812.	2	in-18.

FACÉTIES, CONTES et NOUVELLES.

	vol.	form.
OEuvres de Rabelais, précédées d'une notice sur sa vie et ses ouvrages (*Panthéon littér.*) Paris, 1838.	1	in-8.
Causes amusantes et connues, recueillies par R. Etienne. 1781.	2	in-12.
Les Malades en belle humeur, par l'abbé Bordelon. Lyon, 1698.	1	in-12.
Le royal Sirop de pommes, par Gab. Droyn, Paris, 1615.	1	in-12.
Les Bigarrures et Touches du Seigneur des Accords. Paris, 1672.	1	in-12.
Les Etrennes de la Saint-Jean. Troyes, 1742.	1	in-12.
Histoire des Perruques, par J.-B. Thiers. 1690.	1	in-12.

3

	vol.	form.
Factum pour les religieuses de Sainte-Catherine-les-Provins, contre les FF. Cordeliers, par J.-B. Thiers. 1669.	1	in-12.
L'éloge de la Chasse et du Cidre. 1730.	1	in-12.
Recueil de pièces facétieuses, par de Bièvre, du Vernet, etc.	1	in-8.
Eloge de l'Ivresse. 1773.	1	in-12.
Eloge de l'Impertinence, par M. de la Bractéole. Paris, 1788.	1	in-8.
L'Ane promeneur ou Critès promené par son âne, par Gorsas. Paris, 1786.	1	in-8.
Eloge de la goutte; l'Asne; Eloge de rien; Eloge de quelque chose; le Triomphe de la charlatanerie; Eloge de la méchante femme.	1	in-12.
Les facétieuses nuits du seigneur Straparole. 1726.	2	in-12.
Les Après-diners de Cholières. Paris, 1610.	1	in-12.
Nouvelles religieuses, par Madame Tarbé. Paris, 1840.	2	in-18.
Les Nouvelles de Grazzini, dit Le Lasca. Berlin, 1776.	2	in-12.
Les Nouvelles tragi-comiques de Scarron. Londres, 1781.	2	in-18.
Contes persans. 1769.	1	in-12.
— d'Hamilton, par M. de Lévis. P. 1813.	3	in-18.
— des Fées, par Perrault. P. 1812.	1	in-12.
— choisis, par Mme d'Aulnoy. P. 1812.	1	in-12.
— moraux, par Marmontel. P. 1775.	3	in-12.
Les Enfants, contes, par Mme Guizot. Paris.	2	in-12.
Novelle morali di Soave. Avignon, 1805.	1	in-18.
Opere scelte di Ferrante Pallavicino. Villafranca, 1666.	2	in-18.
Facetie, motti e burle raccolte per L. Domenichi. Venetia, 1581.	1	in-12.
La Zucca del Doni Fiorentino. Venetia, 1607.	1	in-12.
Il Novelliero italiano. Venetia, 1754.	4	in-12.
Raguagli di Parnasso del signor T. Boccalini. Amsterdam, 1669.	2	in-16.
La prima e la seconda cena di Ant. Grazzini. Londra, 1756.	1	in-12.
Novelle ventotto di M. G. Boccacci. Pad. 1739.	1	in-12.

	vol.	form.
Novelle cento di Franco Sacchetti. Venezia, 1754.	1	in-12.
Tales of fashionable life, by M. Edgeworth. Paris, 1813.	6	in-12.

ROMANS.

OEuvres du comte de Tressan. P. 1787.	12	in-8.
Le chevalier Robert, œuvre posthume du même. Paris, 1800.	1	in-8.
OEuvres de Mme Riccoboni. Paris, 1790.	8	in-8.
Lettres de milady Catesby, par la même.	1	in-18.
Les Amours de Daphnis et Chloé, par Longus, trad. par Amyot. 1731.	1	in-12.
Les Amours d'Ismène et d'Isménias, suivies des Lettres d'Aspasie, trad. du grec. 1743.	1	in-12.
Histoire des Amours de Chéréas et de Callirhoé, traduite du grec par le chevalier de Méhégan. Paris, 1763.	2	in-12.
Histoire pitoyable du prince Erastus. Lyon, 1565.	1	in-8.
Le Roman de Mélusine. Paris, 1637.	1	in-8.
Pharamond, par La Calprenède. Amst. 1664.	6	in-8.
Le Page disgrâcié, par Tristan l'Hermite. Paris, 1667.	2	in-12.
Mémoires du marq. d'Almacheu. Amst. 1678.	1	in-12.
L'Héritière de Guyenne, par Larrey. Rotterdam, 1692.	1	in-12.
Le Roman comique de Scarron. P. 1785.	3	in-18.
Germaine de Foix, par Baudot de Juilly. Amsterdam, 1700.	1	in-12.
Le Roman bourgeois, par Furetière. Nancy, 1713.	1	in-8.
Le Roman espagnol ou la Diane, par Montemayor. Amsterdam, 1735.	1	in-12.
Le Diable boiteux de Le Sage. P. 1756.	2	in-12.
Aventures de Robert Chevalier, dit de Beauchêne, par Le Sage. Lille, 1793.	1	in-18.
Histoire de Gilblas de Santillane, par le même. Paris, 1813.	4	in-12.
Les Aventures de Guzman d'Alfarache, par le même. Paris, 1813.	2	in-12.

	vol.	form.
Les Amours du comte de Soissons et de madame d'Elbœuf. Amsterdam , 1739.	1	in-12.
Pygmalion ou la Statue animée. Londres, 1742.	1	in-8.
Histoire du roi Splendide et de la princesse Hétéroclite. Paris, 1747.	1	in-12.
Les Amours de Zeokinizul, par Crebillon. Amsterdam, 1748.	1	in-8.
Histoire du chevalier des Grieux et de Manon Lescaut, par l'abbé Prévôt. Paris, 1782.	2	in-18.
Lettres Péruviennes, par Mme de Graffigny. Rouen, 1794.	2	in-18.
Histoire de la Félicité et la Patte du chat. Amsterdam, 1755.	1	in-12.
Histoire de Marguerite de Valois, par Mme de la Force. Paris, 1783.	6	in-12.
Les visions de Quévédo. Paris, 1812.	1	in-12.
Nitophar, anecdote Babylonienne, par de Maucomble. Paris, 1768.	1	in-12.
Histoire de l'admirable don Quichotte, par Cervantes, trad. par Filleau de S.-Martin. Paris 1830.	5	in-8.
Le nouveau don Quichotte, par Mme Dussieux. 1770.	1	in-8.
Marsile et Anteros, par Fournier de Tony. Paris, 1795.	1	in-8.
Recueil de morceaux détachés de madame de Staël. 1795.	1	in-8.
Voyage sentimental, par Sterne. Genève, 1779.	1	in-12.
Lettres du marquis de Roselle, par madame Elie de Beaumont. Paris, 1764.	1	in-42.
Vie et Amours d'un pauvre diable. Genève, 1788.	1	in-12.
Mémoires de la cour d'Auguste, trad. de l'Anglais. Paris, 1777.	3	in-12.
Alphonsine, par le chevalier de Rutlige. Paris, 1790.	1	in-12.
Margaretta, comtesse de Rainsfort, par de Guibert. Paris, 1797.	2	in-12.
Aventures de Donald Campbell. Paris, 1799.	1	in-12.
Clermont, par Mme Regina Roche, P. 1799.	3	in-12.

	vol.	form.
Agathina, par Fox. Paris, 1800.	1	in–12.
Podalyre et Dirphé, par Félix Nogaret. Paris, 1801.	1	in–12.
Lettres du duc de Fronsac au chevalier Dumas. Paris, 1801.	2	in–12.
Le Siège de Calais, nouvelle historique, par madame de Tencin. La Haie, 1739.	1	in–12.
Lettres de Melle de Tourville à Mme de Lenoncourt. Paris, 1788.	1	in–12.
L'Année la plus mémorable de la vie de Kotzebue. Paris, 1802.	1	in–12.
Aventures de Robinson Crusoé. Paris, 1768.	3	in–8.
Philibert ou les Amis de l'enfance, par Kotzebue. Paris, 1810.	1	in–12.
Charles de Montfort. Paris, 1811.	1	in–12.
Histoire de la famille Jennemours. P. 1811.	1	in–12.
Trois mois de ma vie, par Du Maniant. Paris, 1811.	2	in–12.
Auguste et Jules de Popoli, par lady Hamilton. Paris, 1813.	2	in–12.
Suite des Nouvelles de madame de Montolieu. Paris, 1813.	3	in–12.
Le Robinson Suisse, par madame de Montolieu. Paris, 1814.	3	in–12.
Le Chalet des Hautes Alpes, par la même. Paris, 1814.	3	in–12.
Le Missionnaire, histoire indienne, par miss Owenson. Paris, 1812.	3	in–12.
L'Ennui ou Mémoires de Glenthorn, par miss Edgeworth. Paris, 1812.	3	in–12.
Les deux Grisélidis, par la même. P. 1813.	2	in–12.
Emilie de Coulanges, par la même. P. 1813.	1	in–12.
Les Veillées du pensionnat, par Jauffret. Lyon, 1811.	1	in–12.
La Famille solitaire, par Châtel, Paris, 1812.	2	in–12.
Le baron de Mansfred, par De la Rue de Mareil. Paris, 1812.	2	in–12.
L'Orpheline sans l'être, par Levallois. P. 1812.	1	in–12.
Le Portrait, par A. La Fontaine. P. 1812.	1	in–12.
L'Ile inconnue, par Grives. Paris, 1812.	2	in–12.
Le Philosophe Anglais ou Histoire de Clevelan. Utrecht. 1741.	6	in–12.

	vol.	form.
Neïla ou les Serments , par E. Salverte. P.	2	in-12.
Prosper ou le Pessimisme , par Le Peintre. Paris , 1812.	2	in-12.
La Princesse de Nevers. Paris, 1813.	1	in-12.
Mehaled et Sedly, par le baron de Dalberg. Paris , 1812.	1	in-12.
Romans de Ducray Duminil. — Elmonde ou la Fille de l'hospice. — Clémentine de Valville. — Alexis ou la Maisonnette dans les bois. — Les Soirées de mélancolie. — Le Codicille sentimental. — Lolotte et Fanfan. — La Fontaine Ste-Catherine, etc.	17	in-12 et in-18.
Isaure d'Aubignie, par Maubaillarcq. P. 1812.	2	in-12.
Le Parisien ou les Illusions de la jeunesse, par Paccard. Paris, 1812.	1	in-12.
Thama ou le Sauvage civilisé. Paris , 1812.	1	in-12.
Emilia ou la Femme des Apennins ; par Mme Rolland. Paris , 1812.	2	in-12.
Avadora , histoire Espagnole. Paris, 1813.	4	in-12.
Sidney, comtesse d'Arondel, par miss Westt.	4	in-12.
Amélie et Clotilde , par Bocouf. Paris, 1813.	4	in-12.
Milord Clève ou l'Etablissement en Suisse, par Mme Bournon Malarme. P. 1810.	2	in-12.
Paola, par Mme Choiseul-Meuse. P. 1813.	4	in-12.
Emilie Armond de Saint-Maur, par madame Auway. Paris, 1813.	3	in-12.
Nouveau recueil de contes, trad. de l'Allemand. Paris, 1813.	3	in-12.
Le Caissier et sa Fille. Paris , 1812.	3	in-12.
Le Voile ou Valentine d'Alté. Paris, 1813.	3	in-12.
Rosetty ou l'Orpheline vertueuse, par miss R. Paris , 1813.	3	in-12.
Mohammed ou la Chûte d'un empire d'Asie, par Ducros de Selve. Paris, 1813.	2	in-12.
Eudoxie ou l'Ame généreuse. Paris, 1813.	2	in-12.
Elwina, trad. de l'anglais. Paris, 1813.	2	in-12.
Le Ministre de Wasbury ou Fanny Balding. Paris, 1813.	2	in-12.
Eblis ou la Magie des Perses. Paris, 1813.	1	in-12.
Mélise, anecdote. Paris, 1813.	1	in-12.
Les Aventures de Sapho, par le comte Verri. Paris, 1813.	1	in-12.

	vol.	form.
Les Contes à ma fille, par Bouilly. Paris, 1814.	2	in-12.
Conseils à ma fille, par le même. Paris, 1813.	2	in-12.
Le Retour au bonheur, par Châteauvieux. Paris, 1814.	1	in-12.
Lettres de deux Amants de Lyon, par Léonard. Paris, 1783.	1	in-12.
Lettres Taïtiennes, par madame de Monbart. Bruxelles, 1786.	1	in-12.
Entretiens du Palais-Royal. Paris, 1786.	2	in-12.
Jonathan Wild, par Fielding. Paris, 1797.	1	in-12.
Amélie Both, par le même. Paris, 1797.	3	in-12.
La Nature et l'Art, par madame Inhcbald.	1	in-18.
L'Abbaye de Munster, par Egerton Leigh. Paris, 1797.	2	in-18.
Louise ou la Chaumière dans le marais. 1797.	1	in-18.
OEuvres de Rétif de la Bretonne (incomplètes).	40	in-12.
Rosa ou la Fille mendiante, par miss Benette. Paris, 1798.	5	in-18.
Anna ou l'Héritière galloise, par la même. Paris, 1800.	2	in-18.
Julia ou les Souterreins de Mazzini, par miss Radcliffe. 1798.	1	in-18.
La Forêt de Livry. 1799.	1	in-18.
Henriette et Zoa.—La Laitière de Saint-Ouen. Paris, 1799.	1	in-18.
Le Nègre comme il y a peu de Blancs, par La Vallée. Paris, 1799.	2	in-18.
Ethelinde ou la Recluse du Lac, par Mme Smith. Paris, 1799.	3	in-18.
Roseide et Valmore, par Walpole. P. 1800.	1	in-18.
Mistriss Walter. Paris, 1800.	1	in-18.
Zélomire, par Morel de Vindé. Paris, 1801.	1	in-18.
La Fille du hameau, par Mme Roche. P. 1803.	2	in-18.
Aventures de Prosper Gérard. Paris, 1812.	1	in-18.
Vie d'une souris, et morceaux détachés. Paris, 1814.	1	in-18.
L'Elève de la nature, par Beaurieu. P. an IV.	3	in-18.
O'Donnel ou l'Irlande, par lady Morgan. Paris, 1815.	3	in-12.
Jean Sbogar, par Charles Nodier. P. 1818.	2	in-12.

	vol.	form.
Léonie ou les Travestissements, par A. Lafontaine. Paris, 1821.	3	in-12.
Les œuvres diverses de M. de Cyrano de Bergerac. Paris, 1781.	2	in-12.
La nouvelle Cyropédie ou les Voyages de Cyrus, par M. Ramsay, en français et en anglais. Saint-Malo, 1786.	2	in-18.
Les Voyages de Kang-hi ou nouvelles Lettres chinoises, par M. de Lévis. P. 1812.	2	in-12.
Le Solitaire par le vicomte d'Arlincourt. Paris, 1821.	2	in-12.
Le dernier Chouan, par Balzac. P. 1829.	4	in-12.
Les Aventures de Télémaque, par Fénélon. Paris, 1812.	4	in-16.
Stéphane, par Auzaghelli. Paris, 1839.	1	in-18.

PHILOLOGIE.

	vol.	form.
Discours sur les avantages et les inconvénients de la critique, par Villemain. P. 1814.	1	in-4.
Du bel esprit, par de Carlières. Paris, 1693.	1	in-12.
L'Anticornaro. Paris, 1702.	1	in-12.
Des causes de la corruption du goût, par madame Dacier. Paris, 1714.	1	in-12.
Sentiments de Cléante sur les entretiens d'Ariste et d'Eugène, par Barbier d'Aucour. Paris, 1730.	1	in-12.
Les cinq années littéraires, par Clément. La Haye, 1754.	5	in-8.
Recueil anglais. Amsterdam, 1763.	1	in-12.
Chef-d'œuvre d'un inconnu, par St-Hyacinthe. Lausanne, 1754.	1	in-12.
Essai sur le goût, par Gérard. P. 1766.	1	in-12.
Mémoires secrets de Bachaumont. P. 1788.	27	in-8.
La Gageure de M. Feuilleton, par Gobet. Paris, 1802.	1	in-8.
Essai sur le Journalisme, depuis 1735 jusqu'à 1800. Paris, 1811.	1	in-8.
Itinéraire de Pantin au Mont Calvaire, par Cadet-Gassicourt. Paris, 1811.	1	in-8.
Mélanges de critique et de philologie, par Chardon de la Rochette. Paris, 1812.	3	in-8.

	vol.	form.
Saint-Géran ou la Nouvelle Langue française. Paris, 1811.	1	in-16.
Le Glaneur ou Essais de Nic. Fréeman, recueillis par Jay. Paris, 1812.	1	in-8.
Etudes sur Lafontaine. Paris, 1812.	1	in-8.
De Paris, des mœurs, de la littérature et de la philosophie, par Salgues. P. 1813.	1	in-8.
Correspondance de Grimm et de Diderot. Paris, 1813.	16	in-8.
Révélations du XVIII.e siècle. Paris, 1814.	1	in-18.
* Jugements des savants sur les principaux ouvrages des auteurs, par Baillet. P. 1685.	9	in-12.
Questions de littérature légale. Paris, 1812.	1	in-8.
Consciences littéraires d'à présent. P. 1818.	1	in-8.
Le Colporteur, par De Chévrier.	1	in-8.
De l'usage des Romans, par Gordon de Percel. Amsterdam, 1734.	2	in-12.
Mes Loisirs. Paris, 1756.	1	in-12.
Pensées de Descartes sur la Religion et la Morale. Paris, 1811.	1	in-8.
Pensées de M. le comte d'Oxenstirn. La Haye, 1746.	2	in-12.
Pensées de Louis XIV. Paris, 1824.	1	in-8.
Pensées et maximes des écrivains illustres. Paris, 1821.	4	in-18.
Réflexions d'un homme du monde. P. 1812.	1	in-8.
La Récolte de l'Ermite. Paris, 1813.	1	in-8.
De l'Etude des Hiéroglyphes. P. 1812.	5	in-12.
De l'Art des dévises, par Le Moine. P. 1666.	1	in-4.

POLYGRAPHES.

	vol.	form.
OEuvres de Lucien, traduites du grec par Belin de Ballu. Paris, 1789.	6	in-8.
— de François de La Mothe Le Vayer. Paris, 1662.	3	in-f.o
— de St-Evremont. Paris, 1753.	12	in-12.
— de Fénélon, publiées par l'abbé de Querbeuf. Paris, 1787.	9	in-4.
— de Houdard de la Motte. P. 1754.	11	in-12.
— diverses de J.-J. Barthélémy. Paris, an VI.	2	in-8.

	vol.	form.
OEuvres de Boindin. Paris, 1753.	2	in-12.
— de Montesquieu. Paris, 1817.	2	in-8.
Commentaire sur l'Esprit des lois, par Destut de Tracy. Liège, 1817.	1	in-8.
OEuvres de Saurin. Paris, 1783.	2	in-8.
— de Mme de Lambert. Paris, 1813.	1	in-18.
— de Poulain de Saint-Foix. Maëstrick. 1778.	6	in-12.
— de Condillac. Paris, 1798.	22	in-8.
— de Voltaire. Paris, 1785.	70	in-8.
— de Thomas. Paris, 1773.	6	in-8.
— de Pope. Amsterdam, 1758.	7	in-12.
— de Blaise Pascal. La Haye, 1779.	5	in-8.
— de Pommereul.		

ÉPISTOLAIRES.

	vol.	form.
Lettres de Cicéron à Atticus, trad. en français par l'abbé Mongault. Paris, 1802.	6	in-8.
— familières de Cicéron, trad. en français par l'abbé Prévost. P. 1801.	6	in-8.
— de Pline le jeune, trad. par M. de Sacy. Paris, 1808.	2	in-12.
Entretiens de feu M. de Balzac. Amsterdam, 1663. (*Elzévir.*)	1	in-12.
Lettres de Mme de Sévigné. Paris, 1812.	12	in-18.
— choisies de Guy Patin. La Haye, 1707.	3	in-12.
— de Mme de Pompadour. Paris, 1808.	2	in-12.
— originales de Mirabeau, écrites du donjon de Vincennes pendant les années 1777, 78, 79 et 80. P. 1792.	4	in-12.
— choisies des auteurs français les plus célèbres. Paris, 1768.	2	in-12.

HISTOIRE DE LA LITTÉRATURE.

	vol.	form.
Rapport historique sur les progrès de l'histoire et de la littérature ancienne depuis 1789, par Dacier. Paris, 1840.	1	in-8.
Histoire abrégée de la littérature grecque, par Schœll. Paris, 1813.	2	in-8.

	vol.	form.
Histoire de la république des lettres en France. Paris, 1780.	1	in-12.
Histoire littéraire d'Italie, par Ginguené. Paris, 1811.	9	in-8.
Histoire de la littérature espagnole, traduite de l'allemand de M. Bouterweck. Paris, 1819.	1	in-8.
Essai sur la littérature espagnole, par le sénateur Le Coulteux de Canteleu. P. 1810.	1	in-8.
Tableau littéraire de la France au 19e siècle.	1	in-8.
De la littérat. des Turcs, par l'abbé Toderini.	1	in-8.
Bibliothèque orientale, par d'Herbelot. P. 1723.	6	in-8.
De la littérature considérée dans ses rapports avec les institutions sociales, par Mme de Staël.	2	in-8.
Tableau littéraire du 18e siècle, suivi de l'éloge de la Bruyère, par V. Fabre. Paris, 1810.	1	in-8.
De la littérature française pendant le 18e siècle, par M. de Barante. Paris, 1824.	1	in-8.
Essai sur la littérature anglaise, par M. de Châteaubriand. Paris, 1837.	2	in-8.

MÉMOIRES DES ACADÉMIES
et JOURNAUX.

	vol.	form.
Histoire de l'Académie des inscriptions et belles-lettres, depuis son établissement en 1663, jusqu'en 1754, avec tables. Paris, 1736-1791.	47	in-4.
Mémoires de l'Institut de France. Paris, 1799-1814.	21	in-4.
Rapport de l'Institut sur les prix décennaux. Paris, 1810.	2	in-4.
Mélanges littéraires de la Société des Hautes-Alpes. Gap, 1807.	1	in-8.
Magasin encyclopédique, par Millin. Paris, 1811-1813.	36	in-8.
La Bibliothèque britannique. 1810-1813.	34	in-8.
Esprit des journaux. 1785-1818. (*livrais.*)	17	in-12.
Revue britannique. 1829-1835. (*livrais.*)	60	in-8.

COURS DE LITTÉRATURE ET MÉLANGES.

	vol.	form.
Principes de la littérat., par l'ab. Le Batteux. Paris, 1774.	5	in-12.
Nouveaux éléments de littérature, par Breton. Paris, 1813.	6	in-18.
Lycée ou Cours de littérature ancienne, par La Harpe. Paris, 1813.	17	in-12.
Cours de belles-lettres, par Dubois Fontanelle. Paris, 1813.	4	in-8.
Essai sur le plan d'un nouveau cours de littérature, par Broc. Paris, 1811.	1	in-8.
Almanach des prosateurs. 1801-1809.	8	in-12.
Narrations françaises, par Durdent. P. 1812.	1	in-12.
Nueva coleccion de piezas en prosa y en versos sacadas de varios autores espagnoles. Lyon.	1	in-12.
Raccolta di prose e poesie. Turino, 1778.	2	in-8.
Mélanges littéraires.	1	in-4.

SCIENCES ET ARTS.

OUVRAGES GÉNÉRAUX.

	vol.	form.
Lettres sur l'origine des sciences, par Bailly. Paris, 1777.	1	in-8.
Origine des découvertes attribuées aux modernes, par Dutens. Paris, 1776.	2	in-8.
Origine des lois, des arts, des sciences et de leurs progrès, par Goguet. Paris, 1809.	3	in-8.
Esquisse d'un tableau historique des progrès de l'esprit humain, par Condorcet. P. an III.	1	in-8.
Recueil de mémoires ou Collection de pièces académiques concernant la médecine, l'anatomie et la chirurgie, la chimie, la physique, etc., tirées des meilleures sources et mises en ordre par Berryat, etc. Dijon, 1754. Partie française.	16	in-4.
Partie étrangère.	13	in-4.

	vol.	form.
Nouvelle table des mémoires de l'Académie des sciences de Paris, par l'abbé Rosier. Paris, 1775.	4	in-4.
Encyclopédie ou Dictionnaire raisonné des sciences, des arts et des métiers, par une société de gens de lettres. P. 1751-1772.	16	in-fo.
— Planches, supplément et table raisonnée des matières.	19	in-fo.
Encyclopédie moderne ou Bibliothèque universelle de toutes les connaissances humaines, par MM. Andral, etc. P. 1841-1842.	25	in-8.
Florilegii magni seu Polyantheæ floribus novissimis sparsæ, libri xx à Jos. Langio. Lyon, 1526.	1	in-fo.

PHILOSOPHIE.

Métaphysique et Logique.

	vol.	form.
Histoire critique de la Philosophie, par Deslandes. Amsterdam, 1756.	4	in-12.
Bibliothèque des anciens philosophes, par Dacier. Paris, 1771.	11	in-12.
Cinq dialogues faits à l'imitation des anciens, par Oratius Tubero (La Mothe Le Vayer). Francfort, 1716.	2	in-12.
Les Hipotiposes ou Institutions pirroniennes de Sextus Empiricus, trad. du grec par Huart. 1725.	1	in-12.
Boezio Severino della consolazione della filosofia, tradotto in volgar fiorentino da B. Varchi. Parma, 1798.	1	in-4.
Opere filosofiche di Mose Mendelssohn, volgarizzate dal dottore Fr. Pizzetti. Parma.	2	in-8.
De Dieu. Paris, 1811.	1	in-8.
Les Merveilles de la providence dans la nature et dans la religion. P. 1839.	1	in-12.
Métaphysique de l'âme ou Théorie des sentiments moraux, trad. de l'anglais d'A. Smith. Paris, 1764.	2	in-8.
Réflexions sur l'âme des bêtes. 1740.	1	in-12.
Les Passions de l'âme, par R. Descartes. P.	1	in-8.

	vol.	form.
Considérations sur le traité de M. Descartes, les Passions de l'âme, par N. Papin. 1652.	1	in-12.
Essai de recherches élémentaires sur les premiers principes de la raison, par J.-B. Spiess. Paris, 1809.	1	in-8.
Essai philosophique sur l'homme, par Châtel. Paris, 1811.	1	in-12.
Essai sur la destination de l'homme. Dresde, 1752.	1	in-16.
De l'influence du Christianisme sur la condition des femmes, par l'abbé Grégoire. Paris, 1826.	1	in-18.
Logiq. française, par Hauchecorne. P. 1812.	1	in-12.

Morale.

Princip. de morale, par l'ab. Mably. P. 1784.	1	in-12.
De la Sagesse, par P. Charron. Amsterdam, 1662. (*Elzévir.*)	1	in-12.
De l'influence des passions sur le bonheur des individus et des nation, par Mme la baronne de Staël. Lausanne, 1796.	1	in-8.
Le Festin de Xénophon, de la version de M. Lefèvre. P. 1666.	1	in-16.
Manuel d'Epictète en grec, avec la traduction française, par M. Lefebvre de Villebrune. Paris, 1783.	2	in-18.
Manuel d'Epictète, traduit par G. Brotier. Paris, an II.	1	in-8.
— traduit par le général baron de Pommereül. P. 1823.	1	in-18.
OEuvres de Sénèque le philosophe, traduction de La Grange. Tours, an III.	8	in-8.
Réflexions morales de l'empereur Marc Antonin, avec des remarques de M. et Mme Dacier. Amsterdam, 1714.	1	in-12.
Morale di Mose. Parigi, 1785.	1	in-18.
Pensées de Blaise Pascal. P. 1812.	2	in-18.
J.-J. Rousseau, édit. publiée par M. Touquet. Paris, 1821.	8	in-12.
OEuvres philosophiques de S. Lambert. P. an IX.	5	in-8.

	vol.	form.
OEuvres de Michel Montaigne. Paris, 1837. (*Panth. littér.*)	1	in-8.
Pensées et maximes de Malesherbes. P. 1802.	1	in-8.
Maximes et réflexions sur différents sujets de morale et de politique, par M. de L. (Lévis). Paris, 1807.	1	in-12.
Pensées sur l'homme, le monde et les mœurs, par J. Sanial Dubay. P. 1813.	1	in-8.
OEuvres morales et politiques de Bacon, trad. par Baudouin. P. 1639.	1	in-8.
OEuvres philosophiques et morales du chancelier Bacon. 1797.	1	in-8.
Analyse de la philosophie de Bacon. P. 1755.	2	in-12.
Le Spectateur ou le Socrate moderne, trad. de l'anglais d'Addison. P. 1755.	3	in-4.
Les Caractères de Théophraste avec les caractères ou les mœurs de ce siècle, par La Bruyère. Amsterdam, 1759.	2	in-12.
Essai sur l'art d'être heureux, par J. Droz. Paris, 1811.	1	in-8.
Du Bonheur individuel, par Vernier. P. 1811.	1	in-8.
Marcelli Palingenii zodiacus vitæ. P. 1580.	1	in-16.
Essai d'instruction morale. P. 1812.	2	in-4.
Le Nestor français, par Millot. P. 1807.	3	in-8.
Bagatelles morales et dissertations, par l'ab. Coyer. Londres, 1759.	1	in-12.
Discours sur les mœurs, par Servan.	1	in-8.
Théorie des sentiments agréables. P. 1774.	1	in-12.
Esprit de la morale et de la philosophie. Paris, 1790.	1	in-12.
Conjuration de l'impiété contre l'humanité, par M. Mérault.	1	in-8.

THÉOLOGIE.

Religion chrétienne.

	vol.	form.
La sainte Bible, en latin et en français, par Le Maistre de Sacy. P. 1717.	4	in-f°.
La sainte Bible, traduite en français par les pasteurs de Genève. Genève, 1805.	1	in-f°.
Abrégé de la doctrine chrét. Falaise, 1790.	1	in-18.

	vol.	form.
Catéchisme à l'usage de toutes les églises de l'empire français. 1812.	1	in-12.
Kempis dell Imitatione di Christo. Parigi.	1	in-24.
Imitation hun Salver J.-C. E'Guénet, 1813.	1	in-12.
Défense du Christianisme ou Conférences sur la religion, par M. Frayssinous. P. 1825.	4	in-12.
Traité qui contient la méthode la plus facile pour convertir ceux qui se sont séparés de l'église, par le card. de Richelieu. P. 1641.	1	in-f°.
Méthode courte et facile pour se convaincre de la vérité de la religion catholiq. P. 1841.	1	in-18.
Preuves d'un autre monde. Paris, 1841.	1	in-18.
Qui êtes-vous? D'où venez-vous? etc. Tours.	1	in-18.
Réflexions d'un solitaire sur le prêtre catholique. Tours, 1840.	1	in-18.
Le Chrétien catholique. Tours, 1840.	1	in-18.
Sophismes et mensonges ou la Foi catholique vengée. Tours, 1840.	1	in-18.
Excellence de la morale catholique, démontrée par Manzoni, trad. de l'italien. P. 1835.	1	in-18.
La vraie Philosophie ou Recherche de la vérité. Paris, 1835.	2	in-18.
Mes doutes. Paris, 1838.	1	in-18.
Ismaël ou la Conversion d'un Juif.	1	in-12.
Les Apologistes.	1	in-12.
Les Apologistes involontaires, par M. Mérault. Paris, 1838.	1	in-12.
Cours d'histoire et de morale, par le même. Paris, 1834.	1	in-12.
Voltaire apologiste de la religion chrétienne, par le même. Paris, 1838.	1	in-8.
Aux incrédules et aux croyants l'Athée redevenu chrétien, par Delauro-Dubez. P. 1839.	1	in-8.
Histoire de la conversion de Struensée. 1773.	1	in-8.
Compendio di critica sacra. Parma, 1811.	1	in-8.
La Liturgie selon l'usage de l'église anglicane. La Haye, 1721.	1	in-12.

Religion des Mahométans et des Gentils.

	vol.	form.
Le Coran, traduit de l'arabe par Savary. P. 1783.	2	in-8.

	vol.	form.
Recueil des rits et cérémonies du pélérinage de la Mecque, par Galland. Paris, 1754.	1	in-12.
Des effets de la religion de Mohammed sur l'esprit, les mœurs et le gouvernement des peuples, par OElsner. Paris, 1810.	1	in-8.
Du culte des dieux fétiches. 1760.	1	in-12.
Des divinités génératrices ou du Culte du Phallus, par Dulaure. P. 1805.	1	in-8.
Le Bhaguat-Geeta, trad. du Sanscrit. P. 1787.	1	in-8.

JURISPRUDENCE.

Droit public, de la nature et des gens. Introduction à l'étude du droit. Droit romain.

	vol.	form.
Origine et progrès du droit et de la législation maritime, par Azuni. P. 1810.	1	in-8.
Théorie des lois sociales.	1	in-8.
Considérations sur le droit en général, et particulièrement sur le droit de la nature et des gens, par Michel. P. 1813.	1	in-8.
De la législation ou Principes des lois, par l'abbé de Mably. Amsterdam, 1776.	1	in-12.
La science de la législation, par Filangieri. Paris, 1786.	5	in-8.
Imperatoris Justiniani institutionum libri IV. Paris, 1663.	1	in-16.
Les Novelles de l'empereur Justinien, trad. en français par M. Béranger. Metz, 1811.	2	in-4.
Le Trésor de l'ancienne jurisprudence romaine, par Tissot et Daubenton. Metz, 1811.	1	in-4.
Précis historique du droit romain, par Dupin.	1	in-18.
Apologie du droit romain, par Berthelot. P.	1	in-12.
Ricerche sul vero carattere della jurisprudenza romana di M. Delfico. Napoli, 1791.	1	in-8.

Droit français.

DROIT PUBLIC, CIVIL, ADMINISTRATIF ET CRIMINEL.

	vol.	form.
Catéchisme du citoyen ou Éléments du droit français. Genève, 1787.	1	in-12.

	vol.	form.
Extrait du droit public de la France, par L. de Brancas. Londres, 1771.	1	in-8.
Répertoire de la nouvelle législation civile, commerciale et administrative, par le baron Favard de Langlade. Paris, 1823.	5	in-4.
Législation constitutionnelle ou Recueil des constitutions françaises. Paris, 1820.	1	in-8.
Les cinq Codes de l'empire français. P. 1812.	1	in-12.
Additions aux cinq Codes, par Dufour. Paris.	2	in-8.
Code civil. Paris, 1810.	1	in-8.
Motifs du Code civil. Paris, 1813.	1	in-4.
Cours de Code civil, par Delvincourt. P. 1813.	2	in-4.
Code de l'état civil des citoyens. P. an VII.	1	in-12.
Traité de la représentation, par Brunnetière. Paris, 1812.	1	in-12.
Traité du mariage, de la puissance maritale, etc., par Vazeille. Paris, 1825.	2	in-8.
Traité de la dissolution du mariage par l'impuissance ou froideur de l'homme ou de la femme. Paris, 1610.	1	in-8.
Justification des usages de France sur les mariages des enfants de famille faits sans le consentement de leurs parents, par Le Merre. Paris, 1687.	1	in-12.
Traité du domicile et de l'absence, par Desquiron. Paris, 1812.	1	in-8.
— du contrat de mariage par Pothier. Paris, 1813.	2	in-8.
— de la séparation de biens, par Dufour. Paris, 1812.	1	in-12.
— des enfants naturels. Paris, 1811.	1	in-8.
— analytique des droits des enfants naturels reconnus, par Cotelle. P. 1812.	1	in-8.
— de l'adoption. Paris, 1813.	1	in-8.
— des servitudes, par Pardessus. P. 1811.	1	in-8.
— du voisinage, par Fournel. P. 1812.	2	in-8.
— des donations et testaments, par Grenier. Clermont, 1812.	2	in-4.
Manuel pour l'ouverture et le partage des successions, par Favard de Langlade. P.	1	in-8.
Notions élémentaires et Tableaux des divers ordres de successions, par Desain. Meaux.	1	in-8.

	vol.	form.
Commentaire sur la loi du 29 germinal an II, relative aux successions, par Chabot. P.	2	in-8.
Traité complet des contrats et obligations, et des privilèges et hypothèques, par Daubenton. Paris, 1813.	3	in-12.
Questions sur les privilèges et hypothèques, par Persil. Paris, 1812.	2	in-8.
Traité des privilèges et hypothèques, par Favard de Langlade. Paris, 1812.	1	in-8.
De la nécessité et des moyens de perfectionner la législation hypothéc., par Hua. P. 1812.	1	in-8.
Essai sur la prestation des fautes, par Le Brun. Paris, 1813.	1	in-12.
Principes sur les questions transitoires, par Meyer. Amsterdam, 1813.	1	in-8.
Nouveau traité et style de la procédure civile, par Le Sage. Paris, 1811.	1	in-4.
Jurisprudence des cours souveraines sur la procédure, par Coffinières. Paris, 1812.	5	in-8.
L'Indicateur des juges de paix, par Le Brun. Paris, 1813.	1	in-8.
De la compétence des juges de paix, par Henrion de Pansey. Paris, 1812.	1	in-8.
Des fonctions des juges de paix en matière civile, par Bousquet. Paris, 1813.	1	in-12.
Procédure en saisie immobilière, par Dézévaux. Paris, 1813.	1	in-12.
Traité des faillites, par Lavaux. P. 1813.	1	in-12.
Code d'instruction criminelle. Paris, 1810.	1	in-8.
De l'instruction crimin., par Carnot. P. 1812.	2	in-4.
Manuel d'instruction criminelle, par Bourguignon. Paris, 1811.	2	in-8.
Manuel du juré par Guichard. Paris, 1827.	1	in-8.
Traité sur le ministère public, par Schenck.	2	in-8.
Code pénal. Paris, 1811.	1	in-16.
Dissertation morale touchant l'instruction des procès crimin., par A. Nicolas. Amst. 1682.	1	in-8.
Règlement et tarif général des frais en matière criminelle, de police correctionnelle, etc. Paris, 1812.	1	in-12.
Cours de législation administrative, par Portiez de l'Oise. Paris, 1808.	3	in-8.

	vol.	form.
Code administratif, par Fleurigeon. P. 1806.	7	in-8.
Droit administratif, par M. de Cormenin. Paris, 1840.	2	in-8.
Traité sur les conflits d'attribution, par Rondonneau. Paris, 1806.	1	in-8.
Le véritable usage de l'autorité séculière dans les matières qui concernent la religion, par l'évêque du Puy.	1	in-12.
Examen impartial des immunités ecclésiastiques. Londres, 1751.	1	in-12.
Nouveau Guide des maires, adjoints et commissaires de police. Paris, 1811.	1	in-8.
Manuel des maires, adjoints, etc. P. 1811.	2	in-8.
Le Guide des maires, par Léopold. P. 1813.	1	in-12.
Manuel des gardes champêtres, forestiers, etc. par Rondonneau. P. 1812.	1	in-12.
Manuel judiciaire. Paris, 1812.	1	in-8.
Code de la nouvelle organisation judiciaire, par Rondonneau. P. 1811.	1	in-16.
Guide des juges militaires, par Perrier. P. 1813.	1	in-8.
Code ecclésiastique. Paris, 1811.	1	in-8.
— de la voierie. Paris, 1753.	2	in-12.
— de la voierie, par Fleurigeon. P. 1809.	1	in-8.
Observations sur le Projet de Code rural. Paris, 1810.	4	in-4.
Code de commerce. Paris, 1811.	1	in-8.
Traité de la jurisprudence des douanes, par Savin-Dumont. Paris, 1812.	2	in-8.
Législation des douanes, par du Jardin Sailly. Paris, 1812.	2	in-4.
Dictionnaires des droits de timbre et d'enregistrement. P. 1810.	2	in-4.
Recueil des principales ordonnances des magistrats de Lille. 1771.	1	in-4.
Usages locaux de l'arrondiss.t de Fougères, recueillis par J.-M. Cavé. Rennes, 1839.	1	in-18.

COUTUMES, PLAIDOYERS ET MÉMOIRES.

	vol.	form.
Coutumes générales des pays et duché de Bretagne. Nantes, 1587.	1	in-24.

	vol.	form.
Coutumes du pays et duché de Normandie. Rouen, 1732.	1	in-12.
OEuvres de d'Aguesseau. Paris, 1787.	12	in-4.
La Sauce-Robert, justifiée par Thiers. P.	1	in-8.
Mémoire en cassation pour Mme de Douhault. Paris, 1807.	1	in-8.
Requête en prise à partie contre la Cour, impériale de Paris, par Selves.	1	in-8.
Tableau des désordres dans l'administration de la justice, par le même. P. 1813.	1	in-8.

Droit étranger.

	vol.	form.
Commentaires sur les lois anglaises, par Blackstone, trad. de l'anglais. Bruxelles, 1774.	6	in-8.
Instructions de l'impératrice Catherine pour le Code de la Russie. 1769.	1	in-12.
Commentaire sur le Code criminel d'Angleterre, par Blackstone, trad. par l'ab. Coyer. Paris, 1776.	1	in-8.

POLITIQUE.

Traités généraux et particuliers. Mélanges.

	vol.	form.
Droit public germanique, par de Mauvillon. Amsterdam, 1749.	2	in-8.
Des droits et des devoirs du citoyen, par l'ab. de Mably. Kelh, 1789.	1	in-12.
Observations sur le gouvernement et les lois des Etats-Unis, par le même. P. 1784.	1	in-12.
Collection complète des ouvrages publiés sur le gouvernement représentatif, etc., par Benj. Constant. Paris, 1818.	4	in-8.
Le Censeur, par MM. Comte et Dunoyer. Paris, 1814-1815.	6	in-8.
De la Civilisation, par E. Salverte. P. 1813.	1	in-8.
Il vero dispotismo. Londra, 1770.	1	in-8.
Saggi politici di Mario Pagano. Milano, 1800.	3	in-8.

	vol.	form.
Le vrai patriote, par M. Alitèphe (M. Putod, médecin à Fougères). 1789.	1	in-8.
Les six livres de la république de J. Bodin, angevin. Paris, 1577.	1	in-f°.
De la puissance légitime du prince sur le peuple, et du peuple sur le prince. 1581.	1	in-8.
Instruction aux princes pour garder la foi promise, par Coignet. Paris, 1584.	1	in-4.
Essai sur le despotisme, par Mirabeau. Londres, 1776.	1	in-8.
Recueil des divers écrits de Th. Paine. 1793.	2	in-8.
Considérations sur le gouvernement ancien et présent de la France, par le marquis d'Argenson. Amsterdam, 1765.	1	in-8.
Recueil des testaments politiques du card. de Richelieu, du duc de Lorraine, de Colbert et de Louvois. Amsterdam, 1749.	4	in-12.
Testament politique d'Armand du Plessis, card. duc de Richelieu. Amsterdam, 1689.	1	in-12.
Testament politique du card. Jules Albéroni. Lausanne, 1754.	1	in-12.
Testament politique du chevalier Walpoole. Amsterdam, 1767.	2	in-12.
La Politique naturelle, par d'Holback. Tours, 1796.	2	in-8.
Traités sur divers sujets de politique. 1760.	1	in-8.
Les Adieux du duc de Bourgogne et de Fénélon ou Dialogue sur les différentes sortes de gouvernements. Paris, 1788.	1	in-8.
Les vrais Principes du gouvernement français, par Gin. Genève, 1777.	1	in-8.
Lettres de Mirabeau à ses commettants. 1791.	1	in-8.
Intérêts et maximes des princes. Cologne, 1666. (Elzévir.)	1	in-12.
Dictionnaire raisonné de diplomatique, par don de Vaines. Paris, 1774.	2	in-8.
L'Ambassadeur et ses fonctions, par M. de Wicquefort. La Haye, 1682.	3	in-4.
Mémoires touchant les ambassadeurs et les ministres publics, par L. M. P. 1679.	1	in-12.
Des principes des négociations, par l'abbé de Mably. La Haye, 1767.	1	in-12.

	vol.	form.
Correspondance secrète du chevalier R. Cécil avec Jacques VI, roi d'Ecosse. 1767.	1	in-12.
Les OEuvres mêlées de M. le ch.er Temple. Utrech, 1694.	1	in-12.
Lettres et mémoires sur la conduite de la présente guerre jusqu'à la fin des conférences de Geertruydenberg. La Haye, 1711.	1	in-8.
Sur la réforme politique des Juifs, par Mirabeau. Londres, 1787.	1	in-8.
Abrégé des principaux traités, par le vicomte de la Maillardière. Paris, 1777.	2	in-8.
Essai sur les garanties individuelles, par Daunou. Paris, 1819.	1	in-8.
On the origin, nature, progress and influence of consular establishments, by Warden. Paris, 1813.	1	in-8.
Petit Catéchisme politique, par M. de Pradt. Paris, 1820.	1	in-8.
Des Lettres de cachet et des Prisons d'état, par Mirabeau. Hambourg, 1782.	1	in-8.
Étiquette du palais. Paris, 1808.	1	in-8.
Du Pouvoir municipal, par Henrion de Pansey. Paris, 1814.	1	in-8.
Observations relatives à la police de la presse, par Cottu. Paris, 1827.	1	in-8

STATISTIQUE.

	vol.	form.
Description de la France, Dauphiné. P. 1772.	1	in-fo.
Abrégé de l'Histoire et de la Statistique de Bâle. 1813.	1	in-8.
Statistique du département du Nord. 1804.	3	in-8.
Annuaire statistique de la Dordogne. An XII.	1	in-8.
— — de la Somme. 1806.	1	in-8.
— — du dép.t du Nord. 1814.	1	in-8.
— — de la Seine-Infér. 1811.	1	in-8.
— — de la Seine-Infér. 1812.	1	in-12.
— — du Pas-de-Calais. 1808.	1	in-8.
— — de la Meuse. 1804.	1	in-8.
— — de Vaucluse. An XII.	1	in-12.
Annuaire statistique du départem.t de Seine-et-Oise. 1811.	1	in-12.

vol. form.

Statistique des département du Rhône, du
Mont-Blanc, de la Haute-Saône, de Seine-
et-Oise, de l'Aisne, des Deux-Nèthes, de
l'Aube, des Vosges, du Bas-Rhin, de la
Meuse-Inférieure, de l'Ourthe, de Sambre-
et-Meuse, de la Marne, de l'Orne, de la
Sarthe, d'Ille-et-Vilaine, de la Vendée, de
la Loire-Inférieure, de la Charente, de la
Vienne, des Deux-Sèvres, de l'Aude, du
Golo, de la Lozère, du Tarn, de l'Allier,
du Cher, de la Drôme, des Hautes-Alpes,
du Var, de Lot-et-Garonne, du Gers, des
Basses-Pyrénées et de la Batavie, publiée
par ordre du ministre de l'intérieur. An ix
et an x.   11   in-8.
Tableau politique du dép.ᵗ de l'Ourte. An xi. 1   in-8.
Annuaire du dép.ᵗ des Hautes-Alpes. 1808.   1   in-12.
—   du dép.ᵗ de l'Aisne. 1814.   1   in-8.
—   du départem.ᵗ du Jura. 1814.   1   in-8.
—   de la Dyle. 1813.   1   in-8.
—   de Loir et Cher. 1806.   1   in-12.
—   du Haut-Rhin. An xii.   1   in-18.
—   du Bas-Rhin. An viii.   1   in-18.

ÉCONOMIE POLITIQUE.

Traités généraux, Commerce et Finances.

Essai analytique sur la richesse et l'impôt;
par Graslin. Londres, 1767.   1   in-8.
De l'ensemble ou Essai sur les grands princi-
de l'administration. Paris, 1788.   2   in-8.
Nouveaux principes d'économie politique, par
Simonde de Sismondi. Paris, 1827.   2   in-8.
Recherche des principes de l'économie poli-
tique, par Stenart. Paris, 1789.   5   in-8.
Principales causes de la richesse ou de la
misère des peuples et des particuliers, par
L. Say, de Nantes. Paris, 1818.   1   in-8.
Recherches sur la nature et l'origine de la ri-
chesse publique, par le c.ᵗᵉ de Lauberdale.   1   in-8.

	vol.	form.
Des systèmes d'économie politique, de leurs inconvénients et de leurs avantages, par Ganilh. Paris, 1809.	2	in-8.
De la propriété politique et civile, par Dageville. Paris, 1813.	1	in-8.
Essai sur la nature du commerce en général. Londres, 1756.	1	in-12.
Questions importantes sur le commerce, suivies d'un essai politique sur le commerce.	1	in-12.
Tableau général du commerce de l'Europe. Paris, 1787.	3	in-8.
La Richesse de la Hollande. Londres, 1778.	2	in-8.
Manuel des agents de change, par Rondonneau. Paris, 1811.	1	in-8.
L'OEil du spéculateur, par E. Tocci. 1810.	1	in-8.
De l'industrie française, par le comte de Chaptal. Paris, 1819.	2	in-8.
Lezioni di commercio o sia d'economia civile dell' ab. Antonio Genovesi. Bassano, 1803.	2	in-8.
Projet d'une dîme royale, par M. le maréchal de Vauban (Bois Guilbert). 1708.	1	in-12.
Le Détail de la France sous le règne présent, par Bois Guilbert. 1707.	1	in-12.
Lettres sur les finances, les subsistances, etc. Amsterdam, 1778.	1	in-12.
Mémoires présentés à Mgr le duc d'Orléans par le c.te de Boulainvilliers. Paris, 1754.	2	in-12.
De l'administration des finances de la France, par M. Necker. 1784.	3	in-8.
Mémoires concernant l'administration des finances sous le ministère de l'abbé Terrai. Londres, 1776.	1	in-12.
Particularités et observations sur les ministres des finances de France les plus célèbres, depuis 1660 jusqu'en 1791. Paris, 1812.	1	in-8.
M. de Calonne tout entier, par M. Carra. Bruxelles, 1788.	1	in-8.
Le Bonheur public ou Moyen d'acquitter la dette nationale, par Droz. Londres, 1780.	1	in-8.
Comptes rendus de l'administrat. des finances sous Henri IV, Louis XIII et Louis XIV. Londres, 1789.	1	in-4.

	vol.	form.
Compte rendu par le ministre de la guerre de son administrat. pendant l'an VI. P. an VII.	1	in-f°.
Comptes des finances, ans VI, VIII, IX, X, XI, XII et XIII.	3	in-4.
Comptes du trésor public, ans X, XI, XII, XIII.	2	in-4.

Subsistances, Communes, Hospices, Mélanges, etc.

Recueil des principales lois relatives au commerce des grains. 1769.	1	in-12.
Sur la législation et le commerce des grains, par Necker. Paris, 1775.	1	in-12.
Dialogues sur le commerce des blés. 1770.	1	in-8.
De l'exportation et de l'importation des grains, par Dupont. Paris, 1764.	1	in-8.
Essai sur la police générale des grains. 1755.	1	in-12.
Confronto della richezza dei paesi che godono libertà nel commercio frumentario con quella dei paesi vincolati. 1795.	1	in-8.
Mémoire de la navigation intérieure de la France, extrait des mémoires du maréchal de Vauban. Paris, 1781.	1	in-4.
Rapport des commissaires chargés de l'examen du projet d'un nouvel hôtel-dieu. Paris, 1786.	1	in-4.
Traité des communes et des biens communaux. Paris, 1778.	1	in-8.
Rapports sur les hôpitaux et hospices, les secours à domicile et la direction des nourrices. Paris, an XI.	1	in-4.
De l'administration des octrois municipaux, par Charpilet. Rennes, 1831.	1	in-8.
Modèle des états et tableaux du recueil général des lois sur le service des hôpitaux militaires. Paris, 1809.	1	in-4.
Etat des prisons, des hôpitaux et des maisons de force, trad. de l'anglais de Howard. Paris, 1788.	2	in-8.
Des sépultures, par Amaury Duval. P. an IX.	1	in-8.
Quelles sont les cérémonies à faire pour les funérailles, par Mulot.	1	in-8.

	vol.	form.
Mémoire sur les funérailles, par le général de Pommereul.	1	in-8.
Réponse aux docteurs modernes, par Linguet.	2	in-12.
OEuvres de Turgot. Paris, 1811.	9	in-8.
* Ouvrages politiques de l'abbé de S.-Pierre.	11	in-12.
Annales politiques de l'abbé de Saint-Pierre.	2	in-12.
OEuvres complètes de Chamousset. P. 1783.	2	in-8.
Analyse des procès-verbaux des conseils généraux, publiée par ordre du ministre de l'intérieur. – Sessions de l'an VIII et de l'an IX. – Sessions de 1829 et 1831.	2	in-4.
Essai sur les contributions proposées en France pour l'an VII, par le Coulteux.	1	in-4.

Éducation, Luxe.

	vol.	form.
De l'éducation, par Mme Campan. P. 1824.	2	in-8.
Éducation domestique ou Lettres sur l'éducation, par Mme Guizot. Paris, 1826.	2	in-8.
Essai sur l'éducation des femmes, par Mme de Rémusat. Paris, 1825.	1	in-8.
Plan d'éducation publique. Paris, 1770.	1	in-12.
Rapport sur l'instruction publiq., par Chaptal. Paris, an IX.	1	in-8.
Vues sur l'éducation d'un prince, par Wandelaincourt. Paris, 1784.	1	in-12.
Esprit de la méthode d'éducation de Pestalozzi. Milan, 1812.	2	in-8.
Sur l'éducation nationale dans les Etats-Unis d'Amérique, par Dupont de Nemours. P.	1	in-8.
Essai sur l'emploi du temps. Paris, 1810.	1	in-8.
Essai sur la nécessité et les moyens de plaire, par de Mencrif. P. 1738.	1	in-8.
Réflexions sur la politesse des mœurs, par l'ab. de Bellegarde. La Haye, 1759.	1	in-18.
Réflexions sur ce qui peut plaire ou déplaire dans le commerce du monde, par le même.	1	in-18.
OEuvres diverses de l'abbé de Saint-Pierre sur l'éducation. Paris, 1730.	2	in-12.
De l'éducation des filles.	1	in-12.
Galerie des jeunes vierges, par Mme de Renneville. Paris, 1827.	1	in-12.

	vol.	form.

Etrennes à ma nièce, par Mme Dacheu.
Paris, 1825. — 1 in-18.

ÉCONOMIE DOMESTIQUE.

* Dictionnaire économique, par Noël Chomel.
Paris, 1767. — 3 in-f°.
Moyens de former un bon domestique. Paris. — 1 in-12.
Rapports sur les soupes économiques. An XI. — 1 in-8.
Instruction sur les soupes économiques. P. — 1 in-8.
Du régime alimentaire des anciens, par
Virey. Paris, 1813. — 1 in-8.
Manuel de la maîtresse de maison ou Lettres
sur l'économie domestique, par Mme Pari-
set. Paris, 1825. — 1 in-18.
Traité des festins, par Muret. Paris, 1682. — 1 in-12.

MATHÉMATIQUES et SCIENCES QUI S'Y RAPPORTENT.

Rapport historique sur les progrès des sciences
mathématiques depuis 1789, par Delambre.
Paris, 1810. — 1 in-8.
Cours de mathématiques, par Camus. Paris. — 4 in-8.
Principes de calcul et de géométrie, par Para
du Phanjas. Paris, 1773. — 1 in-8.
Eléments d'arithmétique par Bezout. P. 1811. — 1 in-8.
Traité élémentaire d'arithmétique, par Bossut.
Paris, 1772. — 1 in-8.
Traité élémentaire d'arithmétique, par La
Croix. Paris, 1813. — 1 in-8.
Traité d'arithmétique, par Reynaud. P. 1810. — 1 in-8.
Trigonométrie analytique et Table de loga-
rithmes, par Reynaud. Paris, 1810. — 1 in-18.
Tables de logarithmes, par Delalande. 1760. — 1 in-18.
* Théorie des probabilités, par de La Place.
Paris, 1812. — 1 in-4.
Essai philosophique sur les probabilités, par
le même. Paris, 1814. — 1 in-4.
Eléments de géométrie, par Malézieu. 1729. — 1 in-8.
Eléments de géométrie, par Lamy. P. 1740. — 1 in-12.

	vol.	form.
Eléments de géométrie, par La Croix. 1811.	1	in-8.
Eléments de géométrie, par Bertrand. 1812.	1	in-4.
Eléments de géométrie, par Legendre. 1812.	1	in-8.
La Géométrie pratique, par Ozanam. 1757.	1	in-12.
Eléments de géométrie et trigonométrie recti-ligne et sphérique, par Bezout. An VIII.	1	in-8.
Développements de géométrie, par Charles Dupin. Paris, 1813.	1	in-4.
Géométrie et mécanique des arts et métiers, par Charles Dupin. Paris, 1825.	3	in-8.
Théorie des fonctions analytiques, par La Grange. Paris, 1813.	1	in-4.
Réfutation de la théorie des fonctions analy-tiques, par Hoëné Wronski. Paris, 1812.	1	in-4.
La Science de l'arpenteur, par Dupain de Montesson. Paris, 1813.	1	in-8.
Nouveau traité de l'arpentage, par Lefèvre, Paris, 1811.	2	in-8.
Méthode simple et facile pour lever les plans, par Le Coy. Paris, 1813.	1	in-12.
L'Art de lever les plans ou nouveau Traité de l'arpentage et du nivellement, par Taviel de Mastaîng. Dijon, 1826.	1	in-12.
L'Art de lever les plans, du lavis et du nivelle-ment, par Thiollet. Paris, 1827.	1	in-12.
La Levée des plans et l'arpentage rendus fa-ciles, par Soulas. Paris, 1812.	1	in-12.
Traité de la construction et des usages des instruments de mathématiques, par Bion. Paris, 1752.	1	in-4.
L'Usage des astrolabes, par le même. 1702.	1	in-12.
Le Rapporteur exact, par Baudusson. 1787.	1	in-18.
Description, théorie et usage du cercle de ré-flexion de Borda, par J. F. Artur. 1814.	1	in-8.
Principes d'hydraulique, par du Buat. 1786.	2	in-8.
Traité élémentaire des machines, par Ha-chette. Paris, 1811.	1	in-4.
Traité de mécanique, par Poisson. P. 1811.	2	in-8.
Instruction sur les nouvelles mesures. An IX.	1	in-8.
Table des rapports des anciennes mesures agraires avec les nouvelles, par Gatley. Paris, 1810.	1	in-8.

	vol.	form.
Manuel pratique et élémentaire des poids et mesures, des monnaies et du calcul décimal, par Tarbé. Paris, 1843.	1	in-8.
Nouveau petit manuel des poids et mesures, à l'usage des ouvriers et des écoles, par le même. Paris, 1840.	1	in-18.

ASTRONOMIE.

	vol.	form.
Discours sur les figures des astres, par Maupertuis. Paris, 1742.	1	in-8.
Lettre sur la comète, par le même, suivie de la critique de la lettre sur la comète, par M. Basset. Paris, 1744.	1	in-12.
Essai sur les comètes, par Dionis du Séjour. Paris, 1775.	1	in-8.
Histoire de l'astronomie ancienne et moderne, par Bailly. Paris, 1775.	5	in-4.
Lettres sur l'astronomie pratique. P. 1786.	1	in-8.
Traité élémentaire d'astronomie physique, par Biot et Rossel. Paris, 1810.	3	in-8.
Exposition du système du monde, par de La Place. Paris, 1813.	1	in-4.
Système du monde, par Lambert. 1770.	1	in-12.
Apologie pour les grands hommes soupçonnés de magie, par Naudé. Amsterdam, 1712.	1	in-8.

PHYSIQUE et CHIMIE.

	vol.	form.
Traité élémentaire de physique, par Libbes. Paris, 1813.	3	in-8.
Traité élémentaire de physique, par Haüy. Paris, 1803.	2	in-8.
Physique mécanique, par Fisher. P. 1813.	1	in-8.
La Physique réduite en tableaux raisonnés, par Barruel. P. an VII.	1	in-4.
Leçons de physique, par Hassenfratz.	1	in-8.
Opuscules de physique animale et végétale, par l'ab. Spallanzani, trad. par J. Senebier. Paris, 1787.	3	in-8.
Recherches physico-chimiq., par Gay-Lussac et Thénard. Paris, 1811.	2	in-8.

	vol.	form.
Description des atômes. Paris, 1813.	1	in-8.
Lettres à une princesse d'Allemagne, sur des sujets de physique et de philosophie, par Euler. Paris, 1812.	2	in-8.
Notions générales sur les différents états des corps, par Larcher. Montpellier, 1811.	1	in-8.
Recherches sur les mouvements des molécules de la lumière, par Biot. P. 1814.	1	in-4.
Histoire naturelle de l'air et des météores, par Richard. Paris, 1770.	10	in-12.
Effet de l'air sur le corps humain, considéré dans le son, ou Discours sur le chant. 1770.	1	in-12.
Recherches sur l'art de voler, par Bourgeois. Paris, 1784.	1	in-8.
Essai météorologique sur la véritable influence des astres, des saisons et changements de temps, traduit de l'italien de Joseph Toaldo. Chambéry, 1784.	1	in-4.
Essai sur les usages des montagnes, par E. Bertrand. Zurich, 1754.	1	in-8.
Mémoires sur la structure intérieure de la terre, par E. Bertrand. Zurich, 1752.	1	in-8.
Istoria di tremuoti avvenuti nella provincia della Calabria, etc. nell' anno 1783.	2	in-4.
Topografia fisica della Campania di Scipione Breislak. Firenze, 1788.	1	in-8.
Examen des systèmes sur la nature des fluides électriques, par Le Bouvier des Mortiers. Paris, 1813.	1	in-8.
Histoire critique du magnétisme animal, par de Leuze. Paris, 1813.	2	in-8.
Leçons de physique expérimentale, par l'ab. Nollet. Paris, 1754.	6	iu-12.
Mémoires sur la formule barométrique de la mécanique céleste, par Ramond. P. 1811.	1	in-4.
Traité des baromètres, thermomètres et hygromètres, par Daleunier. Amsterd. 1688.	1	in-12.
Eléments de chimie théorique, par Macquer.	3	in-12.
Système des connaissances chimiques et de leurs applications aux phénomènes de la nature et de l'art, avec atlas, par Fourcroy. Paris, an IX.	11	in-8.

	vol.	form.
Philosophie chimiq., par Fourcroy. P. an III.	1	in-8.
Chimie expérimentale et raisonnée, par Baumé. Paris, 1773.	3	in-8.
Eléments de chimie théorique et pratique, par Fabulet. Paris, 1813.	2	in-8.
Traité de chimie élémentaire théorique et pratique, par le baron Thénard. P. 1827.	5	in-8.
Chimie appliquée à l'agriculture, par Chaptal. Paris, 1829.	2	in-8.
Mémoires de chimie de l'académie de Stockolm. Paris, 1764.	2	in-12.
Traité de la distillation, par Dejean. 1777.	1	in-12.
Essai sur l'art de la distillation, par Le Normand. Paris, 1824.	1	in-8.
Recherches sur la distillation du vin en France, par du Portal. Paris, 1811.	1	in-8.
L'Art du distillateur, par Dubuisson. P. 1779.	2	in-8.
Annales de chimie, 1812-1813. (*Livr.*)	14	in-8.
Code pharmaceutique à l'usage des hospices civils, par Parmentier. Paris, 1811.	1	in-8.

HISTOIRE NATURELLE.

	vol.	form.
Rapport historique sur les progrès des sciences naturelles, par Cuvier. Paris, 1810.	1	in-8.
Extraits de Pline le naturaliste, par Guéroult. Paris, 1809.	2	in-8.
Histoire naturelle de Buffon. P. 1800.	11	in-8.
Introduzione alla geologia di Scip. Breislak. Milano, 1801.	2	in-8.
Introduct. à la géologie, par Breislak. 1812.	1	in-8.
Trableaux analytiques des minéraux, par Drapier. Lille.	1	in-f°.
Eléments de minéralogie, par Kirwan, trad. de l'anglais. Paris, 1785.	1	in-8.
Traité de minéralogie, par Haüy. P. 1801.	5	in-8.
Minéralogie des volcans, par Faujas de Saint-Fond. Paris, 1784.	1	in-8.
Manuel du minéralogiste de Torbern Bergman, trad. par Mongez. Paris, 1784.	1	in-8.
Traité de l'art métallique, extrait des œuvres d'Al. Barba. P. 1730.	1	in-12.

	vol.	form.
Manuel métallo-technique, trad. de l'allemand de Silberman. P. 1773.	1	in-12.
Traité sur les mines de fer et les forges du comté de Foix, par La Peirouse. Toulouse, 1786.	1	in-8.
Analyse du fer de Torbern Bergman, trad. par Grignon. Paris, 1783.	1	in-8.
La Sidérotechnie, par Hassenfratz. P. 1812.	4	in-4.
Histoire naturelle de la France méridionale, par Giraud-Soulavie.	3	in-8.
Traité des pierres précieuses, par Prosper Brard. Paris, 1808.	2	in-8.
Del modo di dirigere e regolare il corso dei fiumi e dei torrenti, trattato di Fr. Focacci. Firenze, 1811.	1	in-8.
Mémoires pour servir à l'histoire des plantes, par Dodart. Paris, 1679.	1	in-12.
Dictionnaire abrégé de botanique, par Philibert. Paris, 1803.	1	in-8.
Démonstrations élémentaires de botanique. Lyon, 1773.	2	in-8.
Fisiologia delle piante di Carlo Perotti. 1811.	2	in-8.
Les Figures des plantes et animaux d'usage en médecine, décrits dans la matière médicale de Geoffroy. P. 1767.	5	in-8.
Traité ou Manuel vétérinaire des Plantes. Paris, 1801.	1	in-8.
Histoire des solanums, par Dunal. P. 1813.	1	in-4.
Histoire des animaux d'Aristote, avec la traduction française de M. Camus. P. 1783.	2	in-4.
Tableau élémentaire de l'histoire naturelle des animaux, par Cuvier. P. an VI.	1	in-8.
La Nature et diuersité des poissons avec leurs pourtraicts, representez au plus près du naturel, par P. Belon du Mans. P. 1555.	1	in-8.
Mémoires pour servir à l'histoire des insectes, par M. de Réaumur. P. 1734.	6	in-4.
Méthode de préparer et de conserver les animaux, par Nicolas. P. an IX.	1	in-8.
Essais philosophiques sur les mœurs de divers animaux étrangers, par Foucher d'Obsonville. Paris, 1783.	1	in-8.

7

AGRICULTURE.

	vol.	form.
Traduction d'anciens ouvrages latins relatifs à l'agriculture et à la médecine vétérinaire, par Saboureux de la Bonneterie. P. 1783.	6	in-8.
Dictionnaire des jardiniers, par Miller. 1785.	10	in-4.
Calendrier du bon cultivateur, par M. de Dombasle. Paris, 1840.	1	in-12.
Eléments d'agriculture ou Leçons d'agriculture appliquées au département d'Ille-et-Vilaine, par M. J. Bodin. Rennes, 1840.	1	in-12.
Voyages agronomiques dans la sénatorerie de Dijon, par F. de Neufchâteau. P. 1806.	1	in-4.
Mélanges d'agriculture.	3	in-8.
Della coltivazione del tabaco. Roma, 1758.	1	in-16.
La Ruche pyramidale, par du Couëdic. 1813.	1	in-8.
Des vers à soie et de leur éducation, par Reynaud. Paris, 1812.	1	in-12.
Mûriers et vers à soie, par J.-J. Ghiliossi. Coni, 1812.	1	in-8.
Instruction sur les bêtes à laine, par M. Tessier. Paris, 1811.	1	in-8.
Traité de l'aménagement des bois et forêts, par Dralet.	1	in-12.
La Théorie et la pratique du jardinage, par M. * P. 1760.	1	in-4.
Traité du citrus, par Gallesio. P. 1811.	1	in-8.
Manuale per il proprietario delle api di Lombard. Firenze, 1811.	1	in-8.
Delle malattie del grano in erba non curate o ben conosciute di M. Losana. Carmagnola.	1	in-8.
Saggi sull' economia olearia di G. Picconi. Genova, 1810.	2	in-8.
Istruzione teorico-pratica per la fabbricazione dello sciroppo dell' uva da Giuseppe Ricci. Fuligno, 1812.	1	in-8.

MÉDECINE.

	vol.	form.
Nouveaux éléments de médecine opératoire, par Roux. Paris, 1813.	2	in-8.

	vol.	form.
Médecine domestique, par Buchan. Paris, 1783.	5	in-8.
Nosographie philosophique ou la Méthode de l'analyse appliquée à la médecine, par Ph. Pinel. Paris, 1813.	3	in-8.
Pronostics et prorrhétiques d'Hippocrate, traduits sur le texte grec par M. de Mercy. Paris, 1813.	1	in-12.
Nouveaux éléments de physiologie, par Richerand. Paris, 1814.	2	in-8.
Recherches physiologiques sur la vie et la mort, par Bichat. Paris, 1812.	1	in-8.
Traité d'hygiène appliquée à la thérapeutiq., par Barbier. Paris, 1811.	2	in-8.
Des glaires, de leurs causes et de leurs effets, et des indications pour les combattre, par Doussin-Dubreuil. Paris, 1813.	1	in-8.
Essai sur la digitale pourprée de Sauders, traduit par Murat. Paris, 1812.	1	in-8.
Traité de pathologie générale appliquée principalement à la médecine externe, par Ant. Hugon. Paris, 1813.	1	in-8.
Matière médicale raisonnée, par Bourgelat. Lyon, 1771.	1	in-8.
Nouveaux éléments de thérapeutique et de matière médicale, par J.-L. Alibert. 1814.	2	in-8.
Mémoire sur la peste qui en 1771 ravagea l'empire de Russie, par Samoïlowitz. P.	1	in-8.
Traité des pertes de sang, par Helvétius. Paris, 1697.	1	in-12.
Traité des maladies périodiques sans fièvre. Paris, 1790.	1	in-12.
Lettres sur le pouvoir de l'imagination des femmes enceintes, par M. Bellet. P. 1745.	1	in-12.
Réflexions sur les hermaphrodites. Avignon.	1	in-8.
La Chiromancie médicinale, par P. May. La Haye, 1665.	1	in-12.
Secours à donner aux personnes empoisonnées et asphyxiées, par M. Orfila. P. 1825.	1	in-12.
Traité des poisons, par M. Orfila. P. 1826.	2	in-8.
Moyens de remédier aux poisons et au venin des animaux, par B.-G. Sage. P. 1811.	1	in-8.

vol. form.

Recherches sur la cause des affections hypo-
condriaques, par C. Revillon. — Mémoire
sur la cause de la pulsation des artères, etc. 1 in-8.
Des erreurs populaires relatives à la médecine,
par Richerand. Paris, 1812. 1 in-8.
Lettres sur les dangers de l'onanisme, par
Doussin-Dubreuil. Paris, 1813. 1 in-12.
La Nature outragée par les écarts de l'ima-
gination. Paris, 1813. 1 in-12.
Quelques observations critiques, philosophi-
ques et médicales sur l'Angleterre, etc. par
Bertin. Paris, 1801. 1 in-12.
Histoire de la rage, par Balzac. P. 1810. 1 in-8.
Manuel médical, par P. H. Nysten. P. 1814. 1 in-8.
Commentaire de P. André Mathiole sur Dios-
coride. Lyon, 1572. 3 in-f°.
Traité de vaccination de L. Sacco. P. 1813. 1 in-8.
Traité des hémorrhoïdes, par J.-B. Larroque.
Paris, 1812. 1 in-8.
Traité des fièvres adynamiques, par G. Roux.
Paris, 1812. 1 in-8.
Mémoire topographique, physique et médi-
cinal, sur la situation de la ville de Tours,
par Duvergé. Tours, 1774. 1 in-12.
Traité de l'asphyxie connue sous le nom de
croup, par Ruette. P. 1811. 1 in-8.
Description de la maladie strangulatoire, par
le docteur Starri. Paris, 1809. 1 in-8.
Traité du croup, par Double. P. 1811. 1 in-8.
Mémoire sur le croup, par J.-M. Caillau.
Paris, 1812. 1 in-8.
Opuscules médico-chirurgiques. Lille, an IV. 1 in-8.
Rapport fait à la Société de médecine de Paris
sur l'application des nouveaux poids et me-
sures dans les usages de médecine. Paris,
an X. 1 in-4.
Conseils aux femmes de 45 à 50 ans, par le
docteur Fothergill. Paris, 1812. 1 in-16.
Traité des maladies des enfants, par J. Ca-
puron. Paris, 1813. 1 in-8.
Nouveaux principes de chirurgie, par Le
Gouas. Paris, 1813. 1 in-8.

	vol.	form.
Histoire de quelques affections de la colonne vertébrale, par de Mussy. Paris, 1812.	1	in-8.
Anatomie générale appliquée à la physiologie et à la médecine, par Bichat. P., 1812.	4	in-8.
Traité d'anatomie descriptive, par le même.	5	in-8.
Principes sur l'art des accouchements, par Baudelocque. Paris, 1812.	1	in-12.
Mémorial de l'art des accouchements, par Mme Boivin. Paris, 1812.	1	in-8.
Manuel de l'oculiste, par de Wenzal. 1802.	2	in-8.
Mémoires de chirurgie militaire, et campagnes de J.-J. Larrey. Paris, 1812.	3	in-8.
Esperienze e riflessioni sopra la carie dei denti humani di Fr. Lavagna.	1	in-8.
Agenda hippocratique. Paris, 1812.	1	in-18.
Eléments de l'art vétérinaire, par Bourgelat.	1	in-8.
Instructions et observations sur les maladies des animaux domestiques, par Chabert, Flandrin et Huzard. Paris, 1809.	6	in-8.
Guide du maréchal, par Lafosse. Avignon.	1	in-8.
Traité du pied considéré dans les animaux domestiques, par Gérard. Paris, 1813.	1	in-8.

ART MILITAIRE.

Traités généraux et particuliers sur l'art de la guerre.

	vol.	form.
L'Art militaire d'Onosander, traduit par de Vigenère. Paris, 1606.	1	in-4.
Histoire de Polybe, trad. du grec par Dom Vincent Thuillier, avec un commentaire en corps de science militaire, par de Folard. Paris, 1727.	6	in-4.
Flave Vegèce, du fait de guerre et fleur de chevalerie, Sexte Jules Frontin, Ælian et Modeste, trad. du latin en français par le polygraphe Nic. Wolkir, avec fig. sur bois. Paris, 1536.	1	in-fo.
Les Ruses de guerre de Polyen, trad. du grec par Dom Lobineau, et les Stratagèmes de Frontin, trad. par N. Perrot d'Ablancourt.	3	in-12.

	vol.	form.
Les Principes de l'art militaire, par de Billon. Rouen, 1641.	1	in-12.
Instituts politiques et militaires de Tamerlan, traduits en français par Langlès. P. 1787.	1	in-8.
Discours politiques et militaires du seigneur de La Nouë. Paris, 1588.	1	in-8.
Exposition très abrégée de l'art de la guerre, par du Hays. Paris, 1813.	1	in-12.
Art de la guerre, par de Puységur. P. 1749.	2	in-4.
L'Art de la guerre, par le marquis de Quincy. La Haye, 1745.	2	in-12.
De la guerre, ouvrage trad. de l'allemand. Paris, 1819.	1	in-8.
Mémoires du marq.s de Feuquière. P. 1775.	4	in-12.
Traité des grandes opérations militaires, par le général Jomini, avec atlas. P. 1811.	6	in-8.
Mémorial topographiq. et militaire. P. an XI.	5	in-8.
Histoire de la guerre, par Beneton de Morange. Paris, 1741.	1	in-12.
Histoire de la milice française, par le P. Daniel. Amsterdam, 1724.	2	in-4.
Considérations générales sur l'infanterie française. Paris, 1822.	1	in-8.
De l'esprit militaire en France, par le général La Marque. Paris, 1826.	1	in-8.
Le Soldat citoyen ou Vues patriotiques sur la manière de pourvoir à la défense du royaume. 1780.	1	in-8.
Essai général de tactique, par Guibert. 1775.	2	in-8.
OEuvres diverses de Guibert. Paris, 1803.	1	in-8.

Mémoires militaires, Sièges et Campagnes.

	vol.	form.
Commentaires de César, trad. par Le Déist de Botidoux. Paris, 1809.	5	in-8.
Les Commentaires du soldat vivarais, publiés par La Boissière. Privas, 1811.	1	in-8.
Mémoires historiques sur la guerre de 1757 jusqu'en 1762, par Bourcet. P. 1792.	3	in-8.
Mémoires militaires et politiques du général Lloyd. Paris, 1801.	1	in-8.

	vol.	form.
Le Théâtre des guerres et des révolutions de l'Europe depuis 1672 jusqu'en 1724, par de Massiac. Toulouse, 1725.	1	in-12.
Histoire militaire de Flandre depuis 1690 jusqu'en 1694, par le chevalier de Baurain. Paris, 1776.	3	in-f°.
Campagne de Hollande, en 1672, sous les ordres du maréchal de Luxembourg. La Haye, 1759.	1	in-f°.
Histoire de la campagne de M. le prince de Condé en Flandre, en 1674, par le chevalier de Baurain. Paris, 1774.	1	in-f°.
Journal du camp de Compiègne, en 1739. Paris, 1761.	1	in-8.
Journal des opérations militaires du siège de Gênes, par le général Thiébault. P. 1801.	1	in-4.
Défense d'Ancône et des départements romains, par Michel Mangourit. P. 1802.	2	in-8.
Frion. De rebus bellicis illustrium francorum.	1	in-12.

Règlements et Administration militaires.

	vol.	form.
Mémorial de l'officier d'infanterie. P. 1813.	2	in-8.
Manuel d'infanterie. Paris, 1813.	1	in-12.
Projet de règlement de service pour les armées françaises, par Préval. P. 1812.	1	in-8.
Le Guide des sous-officiers d'infanterie. P.	1	in-12.
Règlement concernant l'exercice de l'infanterie. Paris, 1793.	1	in-12.
Instruction élémentaire pour les sous-officiers. Paris, 1811.	1	in-12.
Droits et devoirs des conscrits. P. 1811.	1	in-12.
Manuel des gardes nationales. P. 1812.	1	in-12.
Instruction sur l'exercice et les manœuvres de la cavalerie. Paris, 1813.	1	in-12.
Instruction pour le campement des troupes à cheval. Paris, 1813.	1	in-12.
Extrait du règlement provisoire pour le service des troupes en campagne. Lille, 1810.	1	in-12.
Règlement sur le service des troupes à cheval en campagne. Paris, 1811.	1	in-12.

	vol.	form.
Instruction pour les avant-postes. P. 1813.	1	in-12.
Recueil des ordonnances relatives à l'état militaire. Metz, 1776.	1	in-12.
Arrêté des consuls contenant règlement sur l'administration et la comptabilité des corps, du 8 floréal an VIII.	1	in-8.
Manuel de l'administration et de la vérification des masses d'habillement, etc. par Le Goupil. Paris, 1812.	2	in-8.
Cours d'administration militaire. P. 1810.	2	in-8.
Etat actuel de la législation sur l'administration des troupes, par P. N. Quillet. 1811.	3	in-8.
Législation militaire, par Berriat. Alexandrie.	5	in-8.

ARTILLERIE.

	vol.	form.
Traité de l'artillerie, par Bardet de Villeneuve. La Haye, 1741.	1	in-8.
Essai d'une théorie d'artillerie, par le chevalier d'Arcy. Dresde, 1766.	1	in-8.
Briefve instruction sur le fait de l'artillerie de France ; l'arcenal et magazin de l'artillerie ; l'artillier ; recherches et considérations sur le faict de l'artillerie ; epitome contenant maximes et propositions vrayes sur le faict de l'artillerie, par Daniel Davelourt. Paris, 1608-1619.	1	in-12.
Les Travaux de Mars, par A. Manesson Mallet. Paris, 1685.	3	in-8.
La Forge de Vulcain, par le chevalier de S.-Julien. La Haye, 1606.	1	in-8.
Essai de l'application des forces centrales aux effets de la poudre à canon, par Bigot de Morogues. Paris, 1737.	1	in-8.
L'Artillerie raisonnée, par Le Blond. 1761.	1	in-8.
Mémoires d'artillerie recueillis par Surirey de S.-Remy. Paris, 1745.	3	in-4.
OEuvres diverses de Bélidor. Amst. 1764.	1	in-8.
Lettres et mémoires sur l'artillerie, par Saint-Auban, du Coudray, de Vallière, Puységur, le chevalier du Teil, le chevalier d'Arcy, etc.	3	in-8.

	vol.	form.
Mémoire sur la meilleure méthode d'extraire et de raffiner le salpêtre, par Tronson du Coudray. Paris, 1774.	1	in-8.
L'Artillerie nouvelle et Mélang., par le même.	2	in-8.
Essai sur l'usage de l'artillerie et Mélanges, par du Puget, de Vallière, de Béranger, etc.	2	in-8.
Observations sur le canon, les voitures à deux roues, etc.	1	in-4.
Recherches sur l'artillerie, par Texier de Norbec. Paris, 1792.	2	in-8.
Nouveaux principes d'artillerie de B. Robins, traduits par Lombard. Paris, 1783.	1	in-8.
Recherches sur les meilleurs effets à obtenir dans l'artillerie, par le c.te de la Martillière. Paris, 1811.	2	in-8.
Traité du mouvement des projectiles appliqué au tir des bouches à feu, par Lombard. Dijon, an v.	1	in-8.
Tables du tir des canons et des obusiers, par le même. 1787.	1	in-8.
Principes instructifs pour les officiers d'artillerie employés dans les manufactures, par Mercier. 1777.	1	in-8.
Essai sur la chasse au fusil. P. 1782.	1	in-8.
Observations sur les épreuves comparatives de différentes espèces de bouches à feu, par de la Martillière. 1790.	1	in-8.
Le Parfait général d'artillerie, par Florentin de Perceval. Plaisance, 1715.	1	in-4.
Du service d'artillerie, par le chevalier d'Antoni, trad. de l'italien par de Mont-Royard. Paris, 1780.	1	in-8.
Essai sur l'organisation de l'artillerie, par le général Lespinasse. Paris, 1800.	1	in-8.
Aide-mémoire à l'usage des officiers d'artillerie, par Gassendi. Paris, 1809.	2	in-8.
Dictionnaire de l'artillerie, par le colonel Cotty. Paris, 1822.	1	in-4.
Théorie nouvelle sur le mécanisme de l'artillerie, par Dulacq. Paris, 1741.	1	in-4.
A Treatise of artillery, by John Muller. London, 1757.	1	in-8.

	vol.	form.
L'Artigliera di Pietro Sardi. Bologna, 1629.	1	in-f°.
Flagello militare del cap. G.-Battista Martena. Napoli, 1687.	1	in-8.
Memoria sulle manovre di forza di Pietro Afau de Rivera. Messina, 1792.	1	in-8.
Quesiti e inventioni diverse di Nicolo Tartaglia. 1554.	1	in-8.
Trattato dell' artigliera di T. Moretti. 1772.	1	in-8.
Dell' artigliera pratica di Gasp. Tignola. 1774.	1	in-8.
Cours complet pour l'artillerie piémontaise, par le chevalier d'Antoni. Turin, 1778.	16	in-8.
Mémoires d'artillerie recueillis par De Scheel. Paris, an III.	1	in-4.
Instruction sur le service de l'artillerie, par Hulot. Paris, 1813.	1	in-12.
Manuel de l'artilleur, par Th. Durtubie. Paris, an III.	1	in-8.
Petit manuel du canonnier. Paris, an II.	1	in-12.
Manœuvres des batteries de campagne. 1812.	1	in-12.
Instruction à l'usage des compagnies des canonniers garde-côtes.	1	in-12.
Collection des lois relatives à l'artillerie. 1808.	1	in-12.
Mélanges sur l'artillerie.	1	in-8.
Traité des mines, par Etienne Munster. 1779.	1	in-4.
Théorie de l'art du mineur, par Geuss. 1778.	1	in-8.
Manuel de l'artificier. Paris, 1757.	1	in-12.
Traité des feux d'artifice. Paris, 1747.	1	in-8.
L'Art du salpêtrier, par Bottée et Riffault. Paris, 1813.	1	in-4.
Traité de l'art de fabriquer la poudre à canon, par Bottée et Riffault, avec planches. 1811.	2	in-4.
Examen de la poudre, trad. de l'italien par le vicomte de Flavigny. Paris, 1773.	1	in-8.
Pyrotechnie militaire, par Ruggieri. P. 1812.	1	in-8.
Traité élémentaire sur les procédés en usage pour la fabrication des bouches à feu, par Ch. Dartein. Strasbourg, 1810.	1	in-4.
Description de l'art de fabriquer les canons, par G. Monge. Paris, an II.	1	in-4.
Mémoire sur les ponts militaires, par Drieu. Turin, 1811.	1	in-8.
Etat militaire du corps royal d'artillerie.	12	in-18.

FORTIFICATIONS.

	vol.	form.
La Fortification démontrée et réduite en art, par Errard de Bar-le-Duc. Paris, 1620.	1	in-f°.
OEuvres de Vauban. Amsterdam, 1771.	4	in-4.
Essai général de fortification, par Bousmard, avec atlas. Berlin, 1797.	3	in-4.
Les Fortifications du ch.r Ant. de Ville. 1672.	1	in-8.
L'École de la fortification, par Joseph de Fallois. Dresde, 1768.	1	in-4.
Mémoires pour l'attaque et la défense des places, par Goulon. Amsterdam, 1754.	1	in-8.
La Fortification perpendiculaire, par le marquis de Montalembert. Paris, 1784.	1	in-4.
Supplément au tome v de la Fortification perpendiculaire, par le marquis de Montalembert. Paris, 1786.	1	in-8.
Eléments de fortification, par Le Blond. 1764.	1	in-8.
Traité complet de fortification, par Noizet S.-Paul. Paris, an VIII.	2	in-8.
Cours élémentaire de fortification, par Savart. Paris, 1812.	1	in-8.
Difesa et offesa delle piazze di Pietro Paolo Floriani da Macerata. Venetia, 1654.	1	in-f°.
De la défense des places fortes, par Carnot. Paris, 1812.	1	in-4.
Traité de la défense des places, par Le Blond. Paris, 1762.	1	in-8.
Traité de la défense des places par les contre-mines, par de Vallière. Paris, 1768.	1	in-8.
Idées d'un militaire pour la disposition des troupes dans la défense et l'attaque des petits postes, par M. Fossé. Paris, 1783.	1	in-4.

MARINE.

	vol.	form.
Les Navires des anciens, considérés par rapport à leurs voiles, par Le Roy. P. 1783.	1	in-8.
Traité de navigation, par Bezout. P. 1775.	1	in-8.
Eléments de Navigation, par Duval Le Roy. Brest, 1802.	1	in-8.

	vol.	form.
Exercices et manœuvres à bord des vaisseaux. 1811.	1	in-12.
Ordonnances du Roi concernant la marine, du 27 septembre 1776.	1	in-12.

ARTS MÉCANIQUES.

	vol.	form.
Annales des arts et manufactures, par R. O'Reilly et Barbier de Vémars.	48	in-8.
Mémoires de la Société d'encouragement pour l'industrie nationale. Ans x, xi, xii, xiii, 1806 à 1812.	5	in-4.
Mémoires de la Société des arts de Genève. Genève, 1778.	1	in-4.
Traité de charpenterie, par Mésange. 1753.	2	in-8.
L'Art du savonnier, par Duhamel du Monceau. Paris, 1812.	1	in-4.
L'Art de raffiner le sucre, par le même. Paris, 1812.	1	in-4.
Aperçu des résultats obtenus de la fabrication des sirops et conserves de raisins, par Parmentier. Paris, 1813.	2	in-8.
Traité théorique et pratique de l'art de calciner la pierre calcaire, par Hassenfratz. Paris, 1825.	1	in-4.
Application du calorique qui se perd dans les cheminées, à un ventilateur ou une étuve, par Pajot. Paris, 1813.	1	in-8.
Manuel du peintre en bâtiments, du doreur et du vernisseur, par Riffault. 1826.	1	in-18.
— du tourneur, par Teyssèdre. 1837.	1	in-18.
— de l'ébéniste, par Lamour. P. 1838.	1	in-18.
— du pâtissier, par Belon. P. 1838.	1	in-18.
— de maçonnerie, par Reymon. 1838.	1	in-18.
L'Origine de l'imprimerie de Paris, par chevillier. Paris, 1694.	1	in-4.
Histoire de l'origine et des premiers progrès de l'imprimerie, par P. Marchand. La Haye.	1	in-4.
Collections des lois et décrets concernant l'imprimerie et la librairie.	1	in-8.
Exemplaire des épreuves de la fonderie de Gillé, fils. Paris, 1811.	1	in-f°.

BEAUX-ARTS.

Traités sur les Arts en général.

	vol.	form.
De l'art de voir dans les beaux-arts, trad. de Milizia par le général de Pommereul. Paris, an VI.	1	in-8.
Essai d'une histoire des révolutions arrivées dans les sciences et les beaux-arts, par de Roujoux. Paris, 1811.	3	in-8.
Considérations sur les révolutions des arts. Paris, 1755.	1	in-12.
Essai sur le beau, par le P. André. 1763.	2	in-12.
* Annales des sciences et des arts. P. 1809-13.	4	in-8.
Les Médicis ou la Renaissance des sciences, des lettres et des arts, par Paccard. 1812.	4	in-12.
Précis analytiq. des travaux de l'Académie des sciences de Rouen pendant l'année 1812.	1	in-8.
Rapport sur les travaux de l'Académie des sciences de Caen jusqu'en 1811.	1	in-8.
Second recueil des travaux de la Société des sciences et arts d'Agen. Agen, 1812.	1	in-8.
Antiperistasi pisane sul risorgimento e cultura delle belle arti. Pisa 1812.	1	in-4.

Architecture.

	vol.	form.
Cours d'architecture, par Daviler. P. 1720.	2	in-4.
Parallèle de l'architecture antique et de la moderne, par Chambray. Paris, 1702.	1	in-fo.
La Perspective pratique de l'architecture, par L. Bretez. Paris, 1751.	1	in-fo.
Essai sur l'histoire générale de l'architecture, par Le Grand. Paris, 1809.	1	in-8.
Principi di architettura civile di Francesco Milizia. Bassano, 1804.	3	in-8.
Cours d'architecture par Blondel. P. 1771.	9	in-8.
L'Architecture de Vitruve, traduite en français par de Bioul. Paris, 1816.	1	in-4.
Les Edifices antiques de Rome, par Desgodets. Paris, 1779.	1	in-fo.

	vol.	form.
Le Palais de Scaurus ou Description d'une maison romaine. Paris, 1819.	1	in-8.
Architecture hydraulique, par Bélidor. 1782.	4	in-4.
Nouvelle architecture hydraulique, par M. de Prony. Paris, 1790.	2	in-4.
OEuvres de Perronnet. P. 1788. Atlas in-f°.	1	in-4.
Traité d'architecture, par Dupuis. P. 1782.	2	in-4.
Mémoires des ponts et chaussées, publiés par Le Sage. Paris, 1810.	2	in-4.
Nouveau précis des leçons d'architecture données à l'Ecole polytechnique, par Durand. 1813-1817.	2	in-4.
Traité d'architecture pratique, par Monroy. Paris, 1789.	1	in-8.
Principes généraux sur la construction des bâtiments, par Dumoustier. P. 1803.	1	in-12.
Le Propriétaire architecte, par Urbain Vitry. Paris, 1827.	3	in-4.
Critique des tarifs de tous les ouvrages de bâtiment, par Delondre. Paris, 1811.	1	in-8.
Les Lois des bâtiments, suivant la coutume de Paris, par Desgodets. Paris, 1775.	1	in-8.
La Science des ingénieurs, par Bélidor. 1739.	1	in-4.
Le même avec notes, par Navier. P. 1813.	1	in-4.

Dessin, Gravure.

	vol.	form.
L'Art de laver, par Gautier. Paris, 1687.	1	in-12.
La Science des ombres par rapport au dessin, par Dupain aîné. Paris, 1760.	1	in-8.
De la manière de graver à l'eau forte et au burin, par Ab. Bosse. Paris, 1745.	1	in-8.
Manuel des curieux et des amateurs de l'art de la gravure, par Huber et Rost. Zurich.	4	in-8.
Catalogue raisonné des diverses curiosités des cabinets de M. Quentin de Lorangère. 1744.	4	in-12.

Peinture et Sculpture.

	vol.	form.
Traité de peinture, suivi d'un essai sur la sculpture, par Dandré Bardon. P. 1765.	2	in-12.

	vol.	form.
Histoire universelle, traitée relativement aux arts de la peinture et de la sculpture, par le même. Paris, 1769.	3	in-12.
Essai sur la peinture, par Algarotti. P. 1769.	1	in-12.
Manière de bien juger des ouvrages de peinture, par Laugier. Paris, 1771.	1	in-12.
L'Art de peinture, par Alph. du Frésnoy, trad. en français par de Piles. P. 1783.	1	in-12.
L'École d'Uranie, trad. du latin d'Alph. du Fresnoy. Paris, 1753.	1	in-12.
Recueil de divers ouvrages sur la peinture et le coloris, par de Piles. P. 1755.	1	in-12.
Réflexions critiques sur la poésie et la peinture, par l'abbé Dubos. P. 1770.	3	in-12.
Observations sur quelques grands peintres, par Taillasson. Paris, 1807.	1	in-8.
OEuvres complètes d'Ant. R. Mengs. 1786.	2	in-4.
OEuvres complètes du chevalier Reynolds. Paris, 1806.	2	in-8.
Du bon goût ou de la Beauté de la peinture. par A. Lens. Bruxelles, 1811.	1	in-8.
Considérations sur l'état de la peinture en Italie. Paris, 1811.	1	in-8.
Storia pittorica della Italia dell' Ab. Luigi Lanzi. Bassano, 1809.	6	in-8.
Entretiens sur les ouvrages de peinture exposés au Musée en 1810. P. 1811.	1	in-12.
Galerie des peintres français du Salon de 1812, par Durdent. P. 1813.	1	in-8.
Lettres à David sur le Salon de 1819.	1	in-8.
L'École de la miniature. Bruxelles, 1759.	1	in-12.
Traité des couleurs pour la peinture en émail et sur porcelaine, par Darclais de Montamy. Paris, 1765.	1	in-12.
Dictionnaire de peinture, par Dom A. Pernety. Paris, 1757.	1	in-8.
Abrégé de la vie des plus fameux peintres, par d'Argenville. P. 1745.	3	in-4.
Description des monuments de sculpture réunis au Musée, par A. Le Noir. P. an v.	1	in-8.
De l'usage des statues chez les anciens, par Guasco. Bruxelles, 1768.	1	in-4.

Musique et Danse.

	vol.	form.
Observations sur la musique. Paris, 1779.	1	in-8.
Des représentations en musique anciennes et modernes, par le P. Ménestrier. P. 1681.	1	in-12.
Code de musique pratique, par Rameau. P.	1	in-4.
Mémoires ou Essais sur la musique, par Grétry. Paris, an v.	3	in-8.
De la musique dramatique en France, par Martine. Paris, 1813.	1	in-8.
De l'état présent de la musique, par Ch. Burney. Gênes, 1809.	3	in-8.
La Musique étudiée comme science ou Grammaire et dictionnaire musical, par G. L. Chrétien. Paris, 1811.	1	in-8.
Traité de mélodie, par Reicha, avec planches. Paris, 1814.	2	in-4.
Du chant et de la romance, par le général Thiébault. Paris, 1812.	1	in-8.
Recherches sur le ranz des vaches, par Tarenne. Paris, 1813.	1	in-8.
Des ballets anciens et modernes. P. 1682.	1	in-12.

EXERCICES GYMNASTIQUES.

La Science et l'Art de l'équitation, par Dupaty de Clam. Paris, 1776.	1	in-4.
Manuel du chasseur, par Thierry. P. 1836.	1	in-18.
— du pêcheur, par Toussaint. P.	1	in-18.

HISTOIRE.

Traités sur la manière d'écrire et d'étudier l'Histoire.

Méthode pour étudier l'histoire, par Lenglet du Fresnoy. Paris, 1771.	15	in-12.

GÉOGRAPHIE.

	vol.	form.
Leçons élémentaires de cosmographie, de géographie et de statistique, par Graberg de Hemso.	1	in-12.
Abrégé de géographie, par A. Balbi. 1839.	1	in-8.
Choix de lectures géographiques, par Mentelle. Paris, 1783.	6	in-8.
Dictionnaire géographiq., par Vosgien. 1813.	1	in-8.
Itinéraire complet de l'empire français. 1811.	3	in-12.
Itinéraire de l'Allemagne. Paris, 1809.	1	in-12.
Recherches sur le livre *De mensurâ orbis terræ*, de Dicuil, par Letronne. P. 1814.	1	in-12.
Géographie des Grecs, analysée par Gosselin. Paris, 1790.	1	in-4.
Recherches sur la géographie des anciens, par le même. Paris, 1813.	4	in-4.
Géographie ancienne abrégée, par d'Anville.	3	in-12.
Notice de l'ancienne Gaule, par d'Anville. P.	1	in-4.
Géographie ancienne et historique, par Barentin de Montehal. Paris, 1807.	2	in-8.
Géographie classique, partie ancienne, par Mentelle. Paris, 1813.	1	in-12.
Description de l'empire français, par Bruining. Leyde.	1	in-12.
Description routière et géographique de l'empire français, par Vaisse. P. 1813.	6	in-8.
Description des Pyrénées, par Dralet. 1813.	2	in-8.
Notice descriptive sur l'Angleterre, l'Ecosse et l'Irlande. Paris, 1803.	2	in-8.
Description de l'Afrique, trad. du flamand d'O. Dapper. Amsterdam, 1786.	1	in-f°.

VOYAGES.

Traités sur les voyages. — Collections de voyages. — Voyages autour du monde.

	vol.	form.
Essai pour diriger et étendre les recherches des voyageurs, trad. de l'anglais de Berchtord par de Lasteyrie. Paris, 1797.	2	in-8.

	vol.	form.
Bibliothèque universelle des voyages, par Boucher de La Richardière. P. 1808.	6	in-8.
Histoire générale des voyages, par l'abbé Prévost. Paris, 1746-89.	20	in-4.
Voyages faits principalement en Asie dans les 12e, 13e, 14e et 15e siècles, par Benj. de Tudèle, Jean du Plan-Carpin, N. Ascelin, Guillaume de Rubruquis, Marc-Paul Vénitien, Huiton, Jean de Mandeville et Ambr. Contarini, recueillis par P. Bergeron. La Haye, 1735.	2	in-4.
Recueil des voyages qui ont servi à l'établissement et aux progrès de la C.ie des Indes. Amsterdam, 1702.	7	in-12.
Histoire des découvertes et des voyages faits dans le nord, par Forster. Paris, 1788.	2	in-8.
Histoire des navigations aux terres australes. Paris, 1756.	2	in-4.
Description du pénible voyage fait entour de l'univers, par Olivier du Nort d'Utrecht. Amsterdam, 1610.	1	in-fo.
Voyage autour du monde par le capit. Woodes Rogers, suivi de la relation de la rivière des Amazones, par d'Acugna. Amst. 1716.	3	in-12.
Voyage autour du monde par la frégate la Boudeuse, par Bougainville. P. 1771.	1	in-4.
Supplément au voyage de Bougainville, par Banks et Solander, trad. de l'angl. P. 1772.	1	in-8.
Voyages autour du monde, par de Pagès. P.	2	in-8.
Troisième voyage du capitaine Cook. 1785.	3	in-8.
Voyage de La Pérouse, publié par Milet-Mureau, avec atlas. P. 1797.	4	in-4.
Relation du voyage à la recherche de La Pérouse, par Labillardière. P. 1800.	2	in-4.
Voyage autour du monde, par Et. Marchand, Paris, an VI.	4	in-4.

Voyages faits en diverses parties du monde.

Les Voyages et observations du sieur de la Boullaye Le Gouz. P. 1657.	1	in-4.

	vol.	form.
Recueil de divers voyages faits en Afrique et en Amérique. Paris, 1685.	1	in-4.
Relation d'un voyage au Levant, par Pitton de Tournefort. P. 1717.	2	in-4.
Les Voyages du sieur Adam Olearius en Moscovie, Tartarie et Perse, suivis des Voyages faits de Perse aux Indes-Orientales, par Jean Albert de Mandelslo. Amst. 1727.	2	in-f°.
Voyages de Jean Ovington à Surate, etc. Paris, 1725.	2	in-12.
— de Thévenot en Europe, Asie et Afrique. Amsterdam, 1827.	5	in-12.
— d'un missionnaire en Turquie, en Perse, en Arménie, etc. P. 1730.	1	in-12.
— de Pietro della Valle dans la Turquie, l'Egypte, la Palestine, etc. 1745.	8	in-12.
— d'Hasselquist dans le Levant, trad. de l'Allemand. Paris, 1769.	1	in-12.
— en Russie et en différentes contrées de l'Asie, par Jean Bell d'Antermony. Paris, 1766.	3	in-12.
— en Russie, en Tartarie et en Turquie, par Ed. Clarke, trad. de l'anglais. Paris, 1813.	3	in-8.
Voyage fait en 1771 et 1772 en diverses parties de l'Europe, de l'Afrique et de l'Amérique, par de Verdun de la Crenne, de Borda et Pingré. Paris, 1778.	2	in-4.
Voyages en Europe, en Asie et en Afrique, par Makintosh, suivis des Voyages du colonel Capper. Paris, 1786.	2	in-8.
Voyage à Bambouc, suivi d'observations sur les castes indiennes, sur la Hollande et sur l'Angleterre, par M. Coste. Paris, 1789.	1	in-8.
Voyage à la Mer Rouge, sur les côtes de l'Arabie, en Egypte, etc. par Eyles Yrwin. Paris, 1792.	2	in-8.
Voyages de la Chine à la côte N.-O. d'Amérique, par le capitaine J. Meares, avec atlas. Paris, an III.	3	in-8.
Voyage en Syrie et en Egypte, par Volney. Paris, 1807.	2	in-8.

	vol.	form.
Nouveau voyage dans la Haute et Basse-Egypte, la Syrie, etc. par W. G. Browne. Paris, 1800.	2	in-8.
Voyage dans l'empire ottoman, l'Egypte et la Perse, par Olivier. Paris, an ix.	6	in-8.
Voyages de Mirza Abu Taleb Khan en Asie, en Afrique et en Europe, trad. du persan. Paris, 1811.	2	in-8.
Nouveau voyage dans la Turquie d'Europe et d'Asie, et en Arabie, par J. Griffiths. P.	1	in-8.
Voyages d'un philosophe, par P. Poivre. P.	1	in-12.
Voyage du sieur P. Lucas dans la Turquie, l'Asie, etc. Amsterdam, 1744.	3	in-12.
—— au Cap de Bonne-Espérance et autour du monde, par A. Sparrman, trad. par Le Tourneur. Paris, 1787.	3	in-8.
—— en Afrique et en Asie, principalement au Japon, par Thunberg. 1794.	1	in-8.
Relations véritables et curieuses de l'isle de Madagascar et du Brésil. Paris, 1661.	1	in-4.

Voyages en Europe.

	vol.	form.
Voyage littéraire de deux religieux bénédictins de la congrégation de S.-Maur. P. 1717.	2	in-4.
Nouveau voyage de France, par Piganiol de la Force. Paris, 1755.	2	in-12.
Journal du voyage de Courtenvaux, mis en ordre par Pingré. Paris, 1768.	1	in-4.
Tournée dans les provinces occidentales et méridion., etc. de la France, par Wraxall. Rotterdam, 1777.	1	in-12.
Voyage pittoresque et sentimental dans l'ouest de la France, par le maréchal Brune. P.	1	in-18.
Notes d'un voyage dans l'ouest de la France, par Prosper Mérimée. P. 1836.	1	in-8.
—— d'un voyage dans le midi de la France, par le même. Paris, 1835.	1	in-8.
—— d'un voyage en Auvergne et dans le Limousin, par le même. P. 1838.	1	in-8.
Voyage d'Auvergne, par Le Grand d'Aussy. Paris, 1788.	1	in-8.

	vol.	form.
Voyage littéraire de Provence, par Papon. Paris, 1804.	1	in-12.
— dans le département des Alpes maritimes, par Papon. Paris, 1804.	1	in-8.
— à Montbar, par Hérault de Séchelles. Paris, an IX.	1	in-8.
— en Corse, par Gaudin. Paris, 1787.	1	in-8.
Voyages physiques dans les Pyrénées en 1788 et 89, par F.s Pasumot. Paris, 1797.	1	in-8.
Paris et ses curiosités. Paris, 1804.	2	in-16.
Miroir historique, politique et critique de l'ancien et du nouveau Paris, par L. Prudhomme. Paris, 1807.	6	in-18.
Manuel du voyageur à Paris. Paris, 1810.	1	in-18.
Almanach du voyageur à Paris, par M. Thiéry. Paris, 1786.	1	in-12.
Guide des amateurs et des étrangers à Paris, par M. Thiéry. Paris, 1787.	2	in-12.
Le Pariséum ou Tableau actuel de Paris. P.	1	in-12.
Guide des amateurs aux environs de Paris.	1	in-18.
Le Cicérone de Versailles. 1804.	1	in-12.
Nouveau guide du voyageur à Cherbourg, par Vallée et Fleury.	1	in-12.
Voyage à Genève et dans la vallée de Chamouni, par Leschevin. Paris, 1812.	1	in-8.
Voyage dans les Alpes, par H. B. de Saussure. Neufchâtel, 1779.	4	in-4.
Tableau pittoresque de la Suisse, par le marq. de Langle. Paris, 1790.	1	in-12.
Lettres de W. Coxe à M. W. Melmoth sur l'état de la Suisse, trad. de l'anglais par Ramond. Paris, 1782.	2	in-8.
Voyage dans les treize cantons suisses, par Robert. Paris, 1789.	2	in-8.
Voyage de M. de Mayer en Suisse. P. 1786.	2	in-8.
Etat et délices de la Suisse. Basle, 1776.	4	in-12.
Voyage en Italie, par l'abbé Barthélémy. P.	1	in-8.
Lettres sur l'Italie, par Dupaty. Avignon.	3	in-18.
Lettres contenant le journal d'un voyage fait à Rome en 1773. Paris, 1783.	2	in-12.
Tableau de Rome vers la fin de 1814, par Guinan Laoureins. Bruxelles, 1816.	1	in-8.

	vol.	form.
Voyage en Toscane par J. Targioni Tozetti. Paris, 1792.	2	in-8.
Voyages dans les Deux Siciles, par Spallanzi, trad. de l'italien par Toscan. P. an VIII.	3	in-8.
Histoire des voyages des papes. Paris, 1782.	1	in-8.
Journal du voyage de la Reine, depuis Neubourg jusqu'à Madrid. Liége, 1691.	1	in-8.
Voyage d'Espagne. Cologne, 1667.	1	in-12.
Etat présent d'Espagne. Villefranche, 1717.	1	in-12.
Tableau de l'Espagne moderne, par Bourgoing. Paris, 1807.	2	in-8.
Voyage en Espagne, par A. Fischer. P. 1801.	2	in-8.
Nouveau voyage en Espagne, par Peyron. P.	2	in-8.
Notice sur le climat, le sol et les productions de l'Espagne, par M. Willaume. P. 1812.	1	in-8.
Voyage en Espagne et en Portugal dans l'année 1774, par d'Alrymple. Paris, 1783.	1	in-8.
Voyage du duc du Châtelet en Portugal, revu par Bourgoing. Paris, an VI.	2	in-8.
Etat présent du Portugal, par Dumouriez. Lausanne, 1775.	1	in-12.
Voyage en Dalmatie, par l'abbé Fortis, trad. de l'italien. Berne, 1778.	2	in-8.
Voyage au Montenegro, par Vialla. P. 1820.	2	in-8.
Pausanias ou Voyage historique de la Grèce, trad. par l'ab. Gédoyn. Amsterd. 1733.	4	in-12.
Description géographique et historique de la Morée, par le P. Coronelli. Paris, 1686.	1	in-8.
Lettres sur la Morée, par Castellan. P. 1808.	1	in-8.
Voyage en Morée, à Constantinople, etc. par Pouqueville. Paris, 1805.	3	in-8.
Voyage littéraire de la Grèce, par Guys. 1783.	4	in-8.
Voyage en Grèce et en Turquie, par Sonnini. Paris, 1801.	2	in-8.
Tableau du commerce de la Grèce, par F. Beaujour. Paris, 1800.	2	in-8.
Les Voyages de M. Quiclet à Constantinople, par P. M. D. Paris, 1664.	1	in-12.
Voyage en Crimée et à Constantinople, en 1786, par milady Craven. Paris, 1789.	1	in-8.
Voyage en Crimée et sur les bords de la Mer Noire, par Reuilly. Paris, 1806.	1	in-8.

	vol.	form.
Quelques jours à Athènes, trad. de l'anglais de miss Wrigt. Paris, 1822.	1	in-8.
Lettere di Angelo Gualandris. Venezia, 1780.	1	in-8.
Souvenirs de mes voyages en Angleterre, par Meister. Paris, 1795.	1	in-8.
Voyage dans les trois royaumes d'Angleterre, par Chantreau. Paris, 1792.	3	in-8.
Lettres de M. l'abbé Blanc. Lyon, 1758.	3	in-12.
Voyage en différentes parties de l'Angleterre, trad. de l'anglais de W. Gilpin par Guédon de Berchère. Paris, 1789.	2	in-8.
Londres, par Grosley. Lausanne, 1774.	4	in-12.
De Londres et de ses environs. Amsterdam, 1788.	1	in-8.
L'Angleterre vue à Londres et dans ses provinces, par le général Pillet. Paris, 1815.	1	in-8.
Voyage philosophique et pittoresque en Angleterre, par G. Forster, trad. par Ch. Pougens. Paris, an IV.	1	in-8.
L'Angleterre et les Anglais, par Gourbillon. Paris, 1817.	3	in-8.
Souvenirs d'Angleterre, par M. R. 1841.	1	in-18.
Voyage en Irlande, par Arthur Young, trad. par C. Millon. Paris, 1800.	2	in-8.
Voyage à la côte septentrionale du comté d'Antrim, par Hamilton. Paris, 1790.	1	in-8.
Relations de deux voyages faits en Allemagne par ordre du roi, par Cassini de Thury. Paris, 1763.	1	in-4.
Voyage en Hanovre, par Mangourit. Paris, 1805.	1	in-8.
Description de tout le Pays Bas, autrement dict la Germanie inférieure ou Basse Allemagne, par L. Guichardin. Anvers, 1568.	1	in-f°.
Tableau de la Mer Baltique, par Catteau-Calleville. Paris, 1812.	2	in-8.
Voyage en Allemagne et en Suède, par le même. Paris, 1810.	3	in-8.
Tableau des Etats Danois, par le même. Paris, 1802.	3	in-8.
Les Voyages de M. Deshayes, baron de Courmesvin, en Danemarck. Paris, 1664.	1	in-12.

	vol.	form.
Journal d'un voyage au nord, en 1736 et 1737, par Outhier. Paris, 1744.	1	in-4.
Relation d'un voyage dans la Mer du Nord, par de Kguelen Trémarec. Paris, 1771.	1	in-4.
Voyage au nord de l'Europe, par Wraxall, trad. de l'Anglais. Rotterdam. 1777.	1	in-8.
Voyage en Sibérie, par Chappe d'Auteroche, avec atlas. Paris, 1768.	3	in-4.
Voyage en Sibérie, par Gmelin, trad. par de Kalio. Paris, 1767.	2	in-12.
Voyage en Islande, par Olofsen et Povelsen, trad. du danois par Gauthier de Lapeyronie. Paris, 1808.	5	in-8.
Lettres écrites de Suisse, d'Italie, de Sicile et de Malte, en 1776, 77 et 78, par Rolland de la Plâtière. Amsterdam, 1780.	6	in-12.
Lettres sur la France, l'Angleterre et l'Italie, par le comte de Nartig. Genève, 1785.	1	in-8.
Lettres sur quelques contrées de l'Europe.	2	in-8.
Lettres de M. l'abbé Sestini sur l'Italie, la Sicile et la Turquie. Paris, 1789.	3	in-8.
Voyages en différents pays de l'Europe. 1777.	2	in-8.
Voyages du P. Labat en Espagne et en Italie. Paris, 1780.	8	in-12.
Voyages d'Italie et de Hollande, par l'abbé Coyer.	2	in-12.
Voyage en Sicile et à Malte, trad. de l'anglais de Brydone. Paris, 1781.	2	in-12.
Voyage d'un amateur des arts en Flandre, dans les Pays-Bas, en France, etc. fait en 1775, 76, 77 et 78. Amsterdam, 1783.	4	in-12.
Voyage en Hollande et sur les frontières occidental. de l'Allemagne, par Anne Radcliffe. Paris, an vi.	2	in-8.
Voyage de deux Français en Allemagne, Suède, Danemarck, Russie et Pologne. Paris, 1796.	5	in-8.
Voyage en Angleterre, en Russie et en Suède, par Lescallier. Paris, an viii.	1	in-8.
Relations historiques et curieuses de voyages en Allemagne, Angleterre, Bohême, etc. par Ch. Patin. Amsterdam, 1695.	1	in-12.

Voyages en Asie.

	vol.	form.
Voyage dans la Grèce asiatique, traduit de l'italien de Dom. Pestini. Paris, 1789.	1	in-8.
Voyage de la Propontide et du Pont-Euxin, par Le Chevalier. Paris, 1800.	2	in-8.
Voyage de la Troade, par le même. P. 1802.	3	in-8.
L'Ambassade de Dom Garcias de Silva Figueroa en Perse. Paris, 1667.	1	in-4.
Voyages du chevalier Chardin en Perse, avec atlas. Paris, 1811.	10	in-8.
Les six Voyages de J.-B. Tavernier en Turquie, en Perse et aux Indes. Utrecht, 1702.	3	in-12.
Voyages de la Perse dans l'Inde et du Bengale en Perse, traduits par Langlès. Paris, an VI.	2	in-18.
Relation de l'expédition de Moka en l'année 1737.	1	in-12.
Voyage sur les côtes de l'Arabie heureuse, par H. Rooke, trad. de l'angl. P. 1738.	1	in-12.
Voyage de l'Arabie heureuse par l'Océan oriental, fait par les Français pour la première fois dans les années 1708, 1709 et 1710. Paris, 1716.	1	in-12.
Voyage fait par ordre du rei Louis XIV dans la Palestine. Paris, 1717.	1	in-12.
Voyage de M. Niebuhr en Arabie. 1780.	2	in-8.
Voyages dans l'île de Chypre, la Syrie et la Palestine, par l'ab. Mariti. Neuwied, 1791.	2	in-12.
Le très dévot Voyage de Jérusalem avecq les figures des lieux Saincts, tirées au naturel, faict et descript par Iean Zvallart. 1608.	1	in-4.
Histoire de la navigation de Jean Hugues de Linscot et de son voyage ès Indes oriental.	1	in-fo.
Essais historiques sur l'Inde, précédés d'un journal de voyage à la côte de Coromandel, par de La Flotte. Paris, 1769.	1	in-12.
Voyage aux Indes orientales et à la Chine, par Sonnerat. Paris, 1782.	2	in-4.
Voyage de Schouten aux Indes orientales, trad. du hollandais. Rouen, 1725.	2	in-12.
Voyages de François Bernier. Amst. 1710.	2	in-12.

	vol.	form.
Voyage dans les mers de l'Inde, par Le Gentil. Paris, 1779.	2	in-4.
Description du Pégu et de l'île de Ceylan, par Hunter, Wolf, etc. trad. de l'angl. 1793.	1	in-8.
Voyage de Siam des PP. Jésuites envoyés par le roi. Paris, 1686.	1	in-4.
Second voyage du P. Tachard et des Jésuites envoyés par le roi au royaume de Siam. Paris, 1689.	1	in-4.
Du royaume de Siam, par de La Loubère. Paris, 1691.	2	in-12.
Voyage chez les Mahrattes, par Tone, trad. de l'anglais. Paris, 1820.	1	in-18.
Curiosités apportées dans deux voyages des Indes. Paris, 1703.	1	in-12.
Voyage en Chine, par John Barrow, trad. par Castéra. Paris, 1805.	3	in-8.
Observations sur le voyage de M. Barrow, par M. de Guignes.	1	in-8.
Voyage à Péking, Manille et l'Ile-de-France, par M. de Guignes, avec atlas. P. 1808.	3	in-8.
Voyages de Thunberg au Japon, traduits par Langlès. Paris, 1796.	4	in-8.

Voyages en Afrique.

	vol.	form.
Voyages de Shaw dans plusieurs provinces de la Barbarie et du Levant, trad. de l'anglais. La Haye, 1743.	2	in-4.
Naufrage du brick français la Sophie, perdu le 30 mai 1819 sur la côte occidentale d'Afrique, par Ch. Cochelet. P. 1821.	2	in-8.
Voyage en Barbarie pendant les années 1785 et 86, par l'abbé Poiret. P. 1789.	2	in-8.
Voyage d'Egypte et de Nubie, par Norden. P.	3	in-4.
Tableau historique des découvertes et établissements des Européens dans le N. et dans l'O. de l'Afrique, trad. par Cuny. P. 1803.	2	in-8.
Voyage du chevalier des Marchais en Guinée, par le P. Labat. Amst. 1731.	4	in-12.
Histoire de l'Afrique française, par l'abbé Demanet. Paris, 1767.	2	in-12.

	vol.	form.
Voyages en Guinée, par Paul Erdman Isert, trad. de l'allemand. Paris, 1793.	1	in-8.
Voyage au Sénégal, par J.-B. Durand. 1802.	1	in-4.
Fragments d'un voyage en Afrique, par Golbéry. Paris, 1802.	2	in-8.
Essais sur les Iles Fortunées et l'Antique Atlantide, par Bory de S.-Vincent. P.	1	in-4.
Quatre voyages chez les Hottentots et chez les Cafres, par Williams Paterson, trad. de l'anglais. Paris, 1790.	1	in-8.
Les Voyages faits par le sieur D. B. aux Isles Dauphine et Bourbon ès années 1669, 70, 71 et 72. Paris, 1674.	1	in-12.
Voyage de Madagascar, par M. de V. 1722.	1	in-12.
Voyage pittoresque à l'Ile-de-France, par J. Milbert. Paris, 1812.	2	in-8.
Relation historique de l'Ethiopie occidentale, par le P. Labat. Paris, 1732.	5	in-12.
Relation historique d'Abyssinie du P. Jérôme Lobo, trad. par Le Grand. Paris, 1728.	1	in-4.
Voyage en Nubie et en Abyssinie, par James Bruce, trad. par Castéra. Paris, 1790.	5	in-4.
Voyage en Abyssinie, par Salt, trad. de l'anglais. Paris, 1812.	2	in-8.
Voyage dans les déserts de Sahara, par Follie. Paris, 1792.	1	in-8.

Voyages en Amérique.

	vol.	form.
Esame critico del primo viaggio di Americo Vespucci al nuovo mondo.	1	in-4.
Description des Indes occidentales, par Ant. de Herrera, trad. de l'espagn. Amst. 1622.	1	in-fo.
Miroir Oost et West-indical, auquel sont jointes les deux dernières navigations faictes ès années 1614, 15, 16, 17 et 18, par G. de Spilbergen et Jacob Le Maire. 1621.	1	oblong.
Description de la Louisiane, par le R. P. Hennepin. Paris, 1688.	1	in-12.
Relation abrégée d'un voyage fait dans l'intérieur de l'Amérique méridionale, par M. de la Condamine. Paris, 1745.	1	in-8.

	vol.	form.
Voyage historique de l'Amérique méridionale, par Don Juan et Don Ant. de Ulloa. Paris, 1752.	2	in-4.
Description de la colonie de Surinam, par Philippe Fermin. Amsterdam, 1769.	2	in-8.
Exposé des moyens de mettre en valeur et d'administrer la Guyane, par Lescalier. Paris, an VI.	1	in-8.
Voyage dans l'Amérique méridionale, par Helms, trad. de l'anglais. Paris, 1812.	1	in-8.
Lettre au D.r Maty sur les géants Patagons, par l'abbé Coyer. Bruxelles, 1767.	1	in-12.
Voyage dans l'intérieur des Etats-Unis, par Bayard. Paris, an VI.	1	in-8.
Voyage à l'île de Terre-Neuve, par Bachelot de la Pilaye. Paris, 1825.	1	in-8.
Voyage de Samuel Hearne dans la baie d'Hudson. An VII.	2	in-8.
Voyages du baron de la Hontan dans l'Amérique septentrionale. La Haye, 1706.	2	in-12.
Voyage au nouveau monde et Histoire du naufrage du R. P. Crespel. Amsterdam, 1757.	1	in-12.
Relation historique de l'expédition du chevalier Henri Bouquet contre les Indiens de l'Ohio. Amsterdam, 1769.	1	in-8.
Nouveau voyage dans l'Amérique septentrionale et Campagne de l'armée du comte de Rochambeau, par l'abbé Robin. P. 1782.	1	in-8.
Relation de l'état actuel de la Nouvelle-Ecosse, trad. de l'angl. par Soulès. Paris, 1787.	1	in-8.
Voyage dans les parties intérieures de l'Amérique septentrionale, par J. Carver. 1784.	1	in-8.
Voyage au Canada, par Isaac Weld. An VIII.	3	in-8.
Voyage aux Etats-Unis, par L. Bridel. 1803.	1	in-12.
Voyage dans l'intérieur de l'Amérique septentrionale, par Mackenzie, trad. par Castéra. Paris, 1802.	3	in-8.
Tableau du climat et du sol des Etats-Unis, par Volney. Paris, 1803.	2	in-8.
Voyage des capitaines Lewis et Clarke, trad. de l'anglais de Patrice Gass par Lallemant. Paris, 1810.	1	in-8.

	vol.	form.
Nouveau voyage aux îles de l'Amérique, par le P. Labat. Paris, 1722.	6	in-12.
Relation du Groenland, par Lapeyrère. 1647.	1	in-8.
Voyage à la Martinique, par Th. de Chanvalon. Paris, 1763.	1	in-4.

Voyages en Océanie.

Voyage à la Nouvelle-Guinée, par Sonnerat. Paris, 1776.	1	in-4.
Découvertes des Français dans le sud-est de la Nouvelle-Guinée, par Fleurieu. P. 1790.	1	in-4.
Voyage à Botany-Bay, par Barrington. An vi.	1	in-8.
Voyage du gouverneur Philipp à Botany-Bay, trad. de l'angl. Paris, 1791.	1	in-8.
Voyage de découvertes aux terres australes, par Péron et L. de Freycinet, avec atlas. Paris, 1824.	4	in-8.
Les Aventures de Jacques Sadeur dans la découverte et le voyage de la terre australe. Paris, 1705.	1	in-12.
Voyage aux Moluques et à la Nouvelle-Guinée, par Forrest. Paris, 1780.	1	in-4.
Nouveau voyage à la Mer du Sud, par Marion, Duclesmeur et de Surville. Paris, 1783.	1	in-8.

CHRONOLOGIE, NUMISMATIQUE et ANTIQUITÉS.

Tablettes chronologiques de l'histoire universelle, par Lenglet du Fresnoy. P. 1778.	2	in-12.
Traité des monnaies, par de Bettange. 1760.	2	in-12.
Traité historique des monnaies de France, par Le Blanc.	1	in-4.
La Science des médailles, par le P. Jobert. Paris, 1739.	2	in-12.
Médailles sur les principaux évènements du règne de Louis XIV. Paris, 1702.	1	in-4.
Médailles du règne de Louis XV. P. 1750.	1	in-fo.
Catalogue d'une collection choisie de médailles antiques et modernes. Gand, 1812.	1	in-8.

	vol.	form.
Histoire de Ptolémée-Aulètes. Dissertation sur une pierre gravée antique, par Baudelot de Dairval. Paris, 1698.	1	in-12.
Cabinet de pierres antiques gravées. P. 1778.	2	in-4.
Dictionnaire des antiquités romaines abrégé de S. Pitiscus. Paris, 1766.	3	in-8.
Antiquités étrusques, grecques et romaines, gravées par David, avec leurs explications, par d'Hancarville. Paris, 1787.	5	in-8.
L'Antiquité expliquée et représentée en figures, par Dom Bernard de Montfaucon. P. 1719-1724.	15	in-f°.
Nouveau recueil d'antiquités grecques et romaines, par Furgault. Paris, 1768.	1	in-8.
Lettres sur la découverte de l'ancienne ville d'Herculane, par Seigneux de Correvon.	2	in-12.
Découverte de la maison de campagne d'Horace par l'ab. Capmartin de Chaupy. 1767.	3	in-8.
Mémoire sur Vénus, par Larcher. P. 1775.	1	in-12.
Description des antiquités de Nîmes, par Maucomble. Nîmes, 1789.	1	in-8.
Antiquités nationales, par Millin. P. 1790.	5	in-4.
Explication de divers monuments singuliers qui ont rapport à la religion des plus anciens peuples, par le P. Dom Martin. 1789.	1	in-4.
Description des monuments des différents âges, observés dans le département de la Haute-Vienne. Limoges, 1821.	1	in-4.

HISTOIRE UNIVERSELLE.

	vol.	form.
Essai sur l'histoire de la société civile par Ad. Ferguson, trad. par Bergier. Paris, 1783.	2	in-12.
Histoire des hommes, par de Lisle de Salles, avec atlas. Paris, 1780.	52	in-8.
Discours sur l'histoire universelle, par Bossuet. Rouen, 1788.	2	in-12.
Discours sur l'histoire universelle depuis l'an 800 jusqu'à la naissance du Dauphin. 1806.	2	in-12.
Tableau des révolutions de l'Europe depuis le bouleversement de l'empire d'occident jusqu'à nos jours. Lausanne, 1771.	1	in-8.

	vol.	form.
Tableau de l'histoire romaine depuis la chute de l'empire d'occident jusqu'à la paix de Westphalie, par le ch.r de Méhégan. 1772.	3	in-12.
Histoire ancienne des peuples de l'Europe, par le comte Du Buat. Paris, 1772.	10	in-12.
Tableau des peuples qui habitent l'Europe, classés d'après la langue qu'ils parlent, par Schœll. Paris, 1812.	1	in-8.
Les Mœurs, coutumes et usages des anciens peuples, par Sabatthier. Paris, 1770.	3	in-12.
L'Esprit des usages et des coutumes des différents peuples, par Démeunier. P. 1776.	3	in-8.
Histoire de la civilisation en Europe, par M. Guizot. Paris, 1840.	1	in-8.

HISTOIRE DES ANCIENS PEUPLES.

Histoire des Juifs. — *Histoire Grecque.*

	vol.	form.
Introduction à l'histoire ou Recherches sur les plus anciens peuples connus, par Lenglet. Paris, 1812.	1	in-8.
Recherches nouvelles sur l'histoire ancienne, par Volney. Paris, 1814.	1	in-8.
De la naissance et de la chute des anciennes républiques, trad. de l'anglais par Cantwel. Paris, 1793.	1	in-8.
Histoire des Juifs, par Prideaux. Amst. 1728.	6	in-12.
OEuvres complètes de Flavius Joseph (*Panthéon litter.*). Paris, 1836.	1	in-8.
Las Costumbres de los Israëlitas escritas en frances por el senor Abad Fleuri. Barcelona, 1769.	1	in-12.
Histoire ancienne des Egyptiens, des Carthaginois, des Assyriens, des Babyloniens, des Mèdes et des Perses, des Macédoniens et des Grecs, par Rollin. Lons-le-Saulnier, 1826.	16	in-12.
Sethos, histoire tirée des monuments de l'ancienne Egypte, trad. d'un manuscrit grec. Paris, an III.	2	in-8.

	vol.	form.
Histoire de la guerre de Troye, attribuée à Dictys de Crète, trad. du latin par Achaintre. Paris, 1813.	2	in-12.
Tables systématiques de l'histoire de la Grèce, par Schœll. Paris, 1813.	1	in-8.
Histoire d'Hérodote, trad. du grec par Larcher. Paris, 1802.	9	in-8.
Chronologie d'Hérodote conforme à son texte, par Volney. Paris, 1808.	2	in-8.
Apologie pour Hérodote ou Traité de la conformité des merveilles anciennes avec les modernes, par H. Estienne. La Haye, 1735.	3	in-12.
Histoire grecque de Thucydide, trad. en français par Gail. Paris, 1808.	2	in-8.
L'Histoire de Thucydide de la guerre du Péloponèse, trad. par Perrot d'Ablancourt. Paris, 1714.	3	in-12.
De l'expédition de Cyrus ou de la retraite des dix mille, trad. du grec de Xénophon par La Luzerne. Paris, 1787.	1	in-8.
Xénophon. — La Cyropédie ou Histoire de Cyrus, trad. du grec par Charpentier. Avignon, 1811.	2	in-12.
Histoire du siècle d'Alexandre, par Linguet. Paris, 1769.	1	in-12.
Histoire de l'ancienne Grèce, trad. de l'angl. de John Gillies par Carra. Paris, 1787.	6	in-8.
Voyage du jeune Anacharsis en Grèce, par Barthélémy. Paris, 1810.	7	in-12.
Voyages d'Anténor en Grèce et en Asie, manuscrit grec trouvé à Herculanum, trad. par Lantier. Paris, an VIII.	5	in-18.

Histoire Romaine. — Histoire Byzantine.

	vol.	form.
Les Antiquités romaines de Denys d'Halicarnasse, traduites en français par Bellenger. Paris, 1723.	2	in-4.
Histoire de la république romaine dans le cours du 7.e siècle, par Salluste, en partie trad. du latin, en partie rétablie sur les fragments, par Ch. de Brosses.	3	in-4.

	vol.	form.
OEuvres de Salluste, traduction nouvelle par Dureau de La Malle. Paris, 1811.	1	in-8.
Salluste, traduction de Mollevaut. P. 1810.	1	in-12.
Tacite avec des notes politiques et historiques, par Amelot de la Houssaye. Amst. 1731.	10	in-12.
Les Ecrivains de l'Histoire Auguste, trad. en français par Guillaume de Moulines. Paris, 1806.	3	in-12.
Ammien Marcellin. Lyon, 1778.	3	in-12.
Eutrope ou Abrégé de l'histoise romaine. Paris, 1710.	1	in-12.
Histoire romaine, par Rollin et Crévier. 1752.	8	in-4.
Histoire Romaine, trad. de l'anglais de Goldsmith, par C. G. Paris, 1805.	2	in-8.
Histoire des empereurs romains, par Crévier. Paris, 1818.	6	in-8.
Histoire des révolutions de l'empire romain, par Linguet. Paris, 1766.	2	in-12.
Histoire des progrès et de la chute de la république romaine, par A. Ferguson, trad. de l'anglais. Paris, 1784.	7	in-8.
Histoire de la décadence et de la chute de l'empire romain, traduite de l'anglais d'E. Gibbon par Guizot. Paris, 1812.	13	in-8.
Histoire du tribunat de Rome, par Seran de la Tour. Paris, 1774.	2	in-12.
Histoire des deux triumvirats, par Citry de la Guette, augmentée de l'Histoire d'Auguste de Larrey. Amst. 1715.	4	in-12.
Essai sur le sénat romain, par Chapman. Paris, 1765.	1	in-12.
Observations sur les Romains, par l'abbé de Mably. Genève, 1767.	1	in-12.
De la vie privée des Romains. Lausann. 1757.	1	in-12.
Dissertation sur l'incertitude des cinq premiers siècles de l'histoire romaine, par de Beaufort. Utrecht, 1738.	1	in-8.
Histoire du Bas-Empire depuis Constantin jusqu'à la prise de Constantinople, par Royou. Paris, 1814.	4	in-8.
Histoire des révolutions de l'empire de Constantinople, par de Burigny. Paris, 1750.	3	in-12.

	vol.	form.
Histoire de l'empire de Constantinople sous les empereurs français, par Geoffroy de Ville-Hardouin. Paris, 1677.	1	in-f°.

HISTOIRE D'ITALIE.

	vol.	form.
Révolutions d'Italie, traduites de l'italien de Denina par l'abbé Jardin. Paris, 1771.	8	in-12.
Essai sur l'état civil et politique des peuples de l'Italie sous le gouvernement des Goths, par G. Sartorius. Paris, 1811.	1	in-8.
Histoire du gouvernement de Venise, par Amelot de la Houssaye. Lyon, 1768.	12	in-12.
Conjuration des Espagnols contre la république de Venise, par S.-Réal. Paris, 1810.	1	in-18.
Istoria del Granducato di Toscana sotto il governo della casa Medici da R. Galuzzi. Firenze, 1781.	5	in-4.
Compendio della storia fiorentina. 1811.	1	in-8.
Histoire de la république de Gênes, par le chevalier de Mailly. Paris, 1742.	3	in-12.
Histoire des révolutions de Gênes, par de Bréquigny. Paris, 1752.	3	in-12.
Essai historique sur la puissance des papes, par Daunou. Paris, 1810.	1	in-8.
Il Sacco di Roma dal Guicciardini. P. 1664.	1	in-16.
Istoria civile del regno di Napoli di Pietro Giannone. Napoli, 1770.	5	in-4.
Opere postume di Pietro Giannone. 1770.	2	in-4.
Saggio storico sulla rivoluzione di Napoli. Milano, 1806.	1	in-8.

HISTOIRE DE FRANCE.

Histoire des Celtes et des anciens Gaulois.

	vol.	form.
Histoire des Saliens, nation ligurienne ou celtique, par de Fortia d'Urban. Paris, 1811.	1	in-12.
Observations sur la nation gauloise, par Dordelu du Fays. Paris, 1746.	1	in-12.

	vol.	form.
Histoire des Gaules, par Dom Martin. 1752.	1	in-4.
Mémoires des Gaules, par Scipion Dupleix. Paris, 1627.	1	in-f°.
Histoire des premiers peuples libres qui ont habité la France, par Ch. Laveaux. 1798.	3	in-8.

Origine, mœurs et usages des Français. Traités, Recherches et Mémoires relatifs à l'Histoire de France.

	vol.	form.
Etat de la Gaule au 5.e siècle, extrait des mémoires d'Uribald, par Fournel. P. 1805.	2	in-12.
Dissertation sur l'origine des Francs, par Ribault de La Chapelle. Paris, 1748.	1	in-12.
Histoire critique de l'établissement des Français dans les Gaules, par le présid. Hénault. Paris, 1801.	2	in-8.
Histoire critique de l'établissement de la monarchie française, par l'abbé Dubos. Amsterdam, 1735.	3	in-12.
Histoire de la civilisation en France depuis la chute de l'empire romain, par M. Guizot. Paris, 1840.	4	in-8.
Recherches sur les prérogatives des dames chez les Gaulois, par le président Rolland. Paris, 1787.	1	in-12.
Mémoires historiques et critiques sur divers points de l'histoire de France, par Mezéray, Amsterdam, 1753.	2	in-12.
Principes de la monarchie française, par Galard de Montjoye. Paris, 1790.	2	in-8.
Les Recherches de la France d'Estienne Pasquier. Paris, 1633.	1	in-f°.
Nouvelles recherches sur la France. P. 1766.	2	in-12.
Recueil de divers écrits pour servir d'éclaircissement à l'histoire de France, par Le Bœuf. Paris, 1738.	2	in-12.
Pièces intéressantes et peu connues pour servir à l'histoire, par de la Place. 1781.	8	in-12.
Quel fut l'état des personnes en France sous la première et la seconde race, par l'abbé de Gourcy. Paris, 1769.	1	in-12.

	vol.	form.
Histoire des conditions et de l'état des personnes en France, par Perreciot. 1790.	5	in-12.
Essai sur l'histoire des bourgeoisies du roi, des seigneurs et des villes, par Droz. Besançon, 1760.	1	in-8.
Discours des états et offices, par C. de Figon. Paris, 1608.	1	in-8.
Des états de France et de leur puissance, trad. de l'italien de Matth. Zampini. 1688.	1	in-8.
Essai sur l'histoire des comices de Rome, des états généraux de la France et du parlement d'Angleterre, par Gudin.	3	in-8.
Des états généraux ou Histoire des assemblées nationales en France, par de Landine. Paris, 1788.	1	in-8.
Instruction sur les assemblées nationales. Paris, 1787.	1	in-8.
Histoire des Français des divers états aux cinq derniers siècles, par Alexis Monteil. 1828.	8	in-8.
Précis d'une histoire générale de la vie privée des Français. Paris, 1759.	1	in-8.
Histoire de la pairie de France et du parlement de Paris, par D. B. Londres, 1753.	2	in-12.
Les quatre âges de la pairie de France, par Zemganno. Maëstricht, 1775.	2	in-8.
Histoire des modes françaises, par Molé. Amsterdam, 1773.	1	in-12.
Traité des combats singuliers, par le P. Gerdil. Turin.	1	in-8.
Tableau littéraire de la France pendant le 13.e siècle, par J. de Rosny. Paris, 1809.	1	in-8.
Curiosités historiques ou Recueil de pièces utiles à l'histoire de France. Amst. 1759.	2	in-12.
Mélanges historiques et critiques, contenant diverses pièces relatives à l'histoire de France. Paris, 1768.	2	in-12.

Histoire générale.

	vol.	form.
Histoire de France, par Mezeray. P. 1685.	4	in-f°.
Histoire de France avant Clovis, par Laureau. Paris, 1789.	1	in-4.

	vol.	form.
Histoire de France, par Velly, Villaret et Garnier. Paris, 1770.	16	in-4.
Recueil de cartes pour l'étude de l'histoire de France. Paris, 1787.	1	in-4.
Recueil des portraits des hommes illustres dont il est fait mention dans l'histoire de France. Paris, 1786.	8	in-4.
Histoire de France, par Anquetil. P. 1833.	13	in-8.
Nouvel abrégé chronologique de l'histoire de France, par le président Hénault, P. 1768.	3	in-8.
Histoire de France, par Le Ragois.	1	in-12.
Nouveau plan d'étude de l'histoire de France, par Moreau. Versailles, 1773.	1	in-8.
Discours sur l'histoire de France, par le même. Paris, 1777.	21	in-8.
Beautés de l'histoire de France, par Blanchard. Paris, 1812.	1	in-12.
Observations sur l'histoire de France, par l'abbé Mably. Kehll, 1788.	6	in-12.
Histoire du gouvernement de France depuis Clovis jusqu'à la mort de Louis XIV, par Gautier de Sibert. Paris, 1765.	4	in-12.
La France militaire sous les quatre dynasties. Paris, 1813.	2	in-18.
La France législative, ministérielle, judiciaire et administrative sous les quatre dynasties. Paris, 1813.	4	in-18.

Ouvrages relatifs à certaines époques.

	vol.	form.
Histoire et Chronique mémorable de messire Jehan Froissart. Paris, 1574.	4	in-fº.
Chroniques de Monstrelet de l'imprimerie d'Ant. Vérard. Paris, 1498.	3	in-fº.
Histoire de la rivalité de la France et de l'Angleterre, par Gaillard. P. 1771.	11	in-12.
Histoire des guerres des Gaulois et des Français en Italie, par Jubé et Servan. Paris, 1805.	5	in-8.
Choix de chroniques et mémoires sur l'histoire de France, avec notices historiques, par Buchon. P. 1837-1839. (*Panth. litter.*)	13	in-8.

	vol.	form.
Histoire universelle de J.-Aug. de Thou, avec la suite par Nicolas Rigault, etc. 1742.	11	in-4.

Histoire des Carlovingiens, des Capétiens *proprement dits et des Valois.*

	vol.	form.
Histoire de Charlemagne, par Eginhart. P. 1812.	1	in-12.
Histoire de l'empereur Charlemagne, trad. de l'allemand d'Hégewisch. Paris, 1805.	1	in-8.
L'Héritière de Guyenne, par Larrey. Rotterdam, 1691.	1	in-8.
Histoire de Saint-Louis, écrite par Jean, sire de Joinville, suivie d'observations et dissertations historiques, avec les établissements de S.-Louis, le conseil de Pierre de Fontaines et plusieurs autres pièces concernant ce règne, par C. du Fresne, sieur du Cange. Paris, 1678.	1	in-f°.
Histoire de Bertrand du Guesclin, par du Châtelet. Paris, 1666.	1	in-f°.
Histoire du roi Charles VI, par Juvénal des Ursins, publiée par D. Godefroy. P. 1653.	1	in-f°.
Les Chroniques du feu roi Charles VII, par Alain Le Chartier. 1528.	1	in-4.
Histoire du roi Charles VII, par J. Chartier, Jacq. Le Bouvier, Matth. de Coucy, etc. publiée par D. Godefroy. Paris, 1661.	1	in-f°.
Histoire de Jeanne d'Arc, par Le Brun de Charmettes. Paris, 1817.	4	in-8.
Histoire de Charles VIII, par de Jaligny, André de la Vigne, etc. publiée par D. Godefroy. Paris, 1684.	1	in-f°.
Mémoires de messire Philippe de Comines, publiés par D. Godefroy. Bruxelles, 1714.	4	in-8.
Le Vergier d'honneur de l'entreprise et voyage de Naples, etc. par Octavien de Saint-Gelais.	1	in-4.
Lettres du roi Louis XII et du cardinal d'Amboise. Bruxelles, 1712.	4	in-12.
Histoire de François Ier, par Varillas. 1685.	4	in-12.
Histoire de Henri II, par Varillas. P. 1692.	3	in-12.

	vol.	form.
Du grand et loyal devoir, fidélité et obéissance de messieurs de Paris envers le roi, par Regnier de la Planche. 1565.	1	in-16.
Mémoires de l'état de France sous Charles IX. Meidelbourg, 1578.	5	in-8.
Mémoires de la troisième guerre civile et des derniers troubles de France, Charles IX régnant. 1571.	1	in-8.
Recueil de diverses pièces servant à l'histoire de Henri III. Cologne, 1662. (*Elzévir.*)	1	in-12.
Mémoires de mess. Pierre de Bourdeille, seig.ʳ de Brantôme. Leyde, 1666. (*Elzévir.*)	8	in-12.
Les Mémoires de la Ligue sous Henri III et Henri IV, par Goulart. 1602.	12	in-8.
L'Esprit de la Ligue, par Anquetil. P. 1771.	3	in-12.
Satyre ménippée. Ratisbonne, 1709.	3	in-8.

Histoire des Bourbons.

	vol.	form.
Histoire du roi Henri le Grand, par Hardouin de Péréfixe. Amst. 1661. (*Elzévir.*)	1	in-12.
Lettres inédites d'Henri IV, publiées par Sérieys. Paris, 1802.	1	in-8.
Moyens d'abus, entreprises et nullités du rescrit et de la bulle du pape Sixte V contre le S. prince Henri de Bourbon. Embr. 1686.	1	in-8.
Le Banquet et après dinée du comte d'Arète, par Dorléans. Paris, 1594.	1	in-8.
Lettres de M. de Bongars, ambassadeur sous Henri IV. Paris, 1681.	2	in-12.
Mémoires de Sully. Londres, 1747.	3	in-4.
Mémoires de Ph. de Mornay. 1624.	2	in-4.
Mémoires d'état, par Villeroy. Amst. 1723.	6	in-12.
Les Négociations de M. le président Jeannin. Paris, 1659. (*Elzévir.*)	2	in-12.
Lettres du cardinal d'Ossat. Amst. 1732.	5	in-12.
La Vérité française opposée aux calomnies espagnoles, par C. B. de Binville. 1637.	1	in-8.
Mémoires du duc de Rohan. 1661. (*Elzévir.*)	2	in-12.
Mémoires du maréch. de Bassompierre. 1723.	4	in-12.
Histoire du maréchal de Guébriant, par Le Laboureur. Paris, 1656.	1	in-fᵒ.

	vol.	form.
L'Histoire du temps ou le Véritable récit de ce qui s'est passé dans le parlement, depuis le mois d'août 1647 jusqu'au mois de novembre 1648.	1	in-8.
L'Esprit de la Fronde, par de Mailly. 1772.	5	in-12.
Mémoires du cardinal de Retz. Amst. 1718.	3	in-12.
Mémoires de Guy Joly et de la duchesse de Nemours. Genève, 1777.	2	in-12.
Mémoires du duc de La Rochefoucault. 1804.	1	in-18.
— de Melle de Montpensier. P. 1728.	3	in-12.
— du duc de Guise. Paris, 1668.	1	in-12.
— de Delaporte, 1.er valet de chambre de Louis XIV. Paris, 1791.	1	in-12.
— du maréchal de Grammont. 1716.	2	in-12.
— de Mme la duchesse de Mazarin. Cologne, 1675.	1	in-12.
— du maréchal de Berwick. 1738.	2	in-12.
— du duc de Navailles. Paris, 1701.	1	in-12.
— pour servir à l'hist. de Louis XIV, par l'abbé de Choisy. 1747.	1	in-12.
— historiques, politiques et critiques, par Amelot de la Houssaye. Amsterdam, 1737.	3	in-12.
Mémoires sur la cour de Louis XIV et la régence, extraits de la correspondance de Mme Elisabeth-Charlotte, duchesse d'Orléans. Paris, 1823.	1	in-8.
Recueil historique contenant diverses pièces curieuses de ce temps. 1666. (*Elzévir.*)	1	in-12.
Eclaircissements historiques sur les causes de la révocation de l'édit de Nantes, par Rulhière. 1788.	2	in-8.
Le Siècle politique de Louis XIV, par Bolingbrocke. 1754.	1	in-12.
Recherche modeste des causes de la présente guerre. La Haye, 1703.	1	in-12.
Essai sur l'établissement monarchique de Louis XIV, par Lémontey. P. 1818.	1	in-8.
Jugement de tout ce qui a été imprimé contre le cardinal Mazarin, par Naudet.	1	in-4.
La Mandarinade ou Histoire comiq. du Mandarinat de M. l'abbé de S.-Martin. 1738.	3	in-12.

	vol.	form.
Journal historique ou Fastes du règne de Louis XV, par le président de Lévy. 1766.	2	in-8.
Mémoires de la Régence, par Lenglet du Fresnoy. Amsterdam, 1749.	5	in-12.
Mémoires de la Régence, par le chevalier de Piossens. La Haye, 1729.	3	in-12.
La Vie de Philippe d'Orléans, régent, etc., par La Mothe *dit* de la Hode. 1736.	2	in-12.
Vie privée du cardinal Dubois, par Mongez. Londres, 1789.	1	in-8.
Relation de l'ambassade de Mehemet-Effendi à la cour de France, en 1721. P. 1757.	1	in-12.
Mémoires politiques et militaires, composés sur les pièces originales recueillies par le duc de Noailles, par l'abbé Millot. P. 1777.	6	in-12.
Correspondance du cardinal de Tencin et de Mme de Tencin, sa sœur, avec le duc de Richelieu. 1790.	1	in-8.
Mélanges historiques sur la fin du règne de Louis XIV et le commencement du règne de Louis XV. Paris, 1807.	1	in-8.
Mémoires de Mme la marquise de Pompadour. Paris, 1808.	3	in-12.
Mémoires du maréch. duc de Richelieu. 1793.	9	in-8.
Mélanges historiques de M. de Bois-Jourdain. Paris, 1807.	3	in-8.
Mémoires des commissaires du Roi et de ceux de S. M. Britannique sur les possessions des deux couronnes en Amérique. P. 1756.	8	in-12.
Lettres du chevalier Robert Talbot, mises en français par Maubert. Amsterdam, 1768.	2	in-12.
Souvenirs et portraits, 1780-1789, par M. de Lévis. Paris, 1813.	1	in-8.
Journal de Mirabeau.	9	in-8.
Vie privée et publique de Louis XVI. 1809.	2	in-18.
La Vie et le Martyre de Louis XVI, par de Limon. Ratisbonne, 1793.	1	in-12.
Correspondance politique et confidentielle de Louis XVI. Londres, 1803.	2	in-12.
Les Prisonniers du Temple, par Regnault-Warin. Paris, 1802.	3	in-12.
Procès des Bourbons. Hambourg, 1798.	2	in-8.

	vol.	form.
Vie du duc de Penthièvre, par Mme Guenard. Paris, 1803.	2	in-12.
Correspondance de Louis-P.-J. d'Orléans avec Louis XVI, la reine, etc. publiée par L. C. R. Paris, 1800.	1	in-8.
Vie de Turgot. Londres, 1786.	1	in-8.
Mémoires sur la vie et les ouvrages de Turgot. Philadelphie, 1782.	1	in-8.
Situation actuelle de la France, par Bonvalet des Brosses. Paris, 1781.	1	in-8.

Révolution, Empire et Restauration.

	vol.	form.
Histoire de France depuis la révolution de 1789, par Toulongeon. Paris, 1801.	7	in-8.
Histoire de la révolution française, par M. Thiers. Paris, 1841.	10	in-8.
Mémoires concernant la trahison de Pichegru, par de Montgaillard. P. an XII.	1	in-8.
Correspondance secrète de plusieurs grands personnages à la fin du 18.e siècle. 1802.	1	in-8.
Les Actes des apôtres.	1	in-8.
Campagne du général Buonaparte en Italie, recueillie par le général Pommereul. Paris, 1797.	1	in-8.
Mémoires sur le Consulat de 1799 à 1804, par un conseiller d'état. P. 1827.	1	in-8.
Mélanges sur le gouvernement consulaire.	1	in-8.
Collection générale des brefs et instructions de N. S. P. le pape Pie VI, relatifs à la révolution française, publiés par M. Guillon. Paris, 1798.	2	in-8.
Mémoires de l'abbé Morellet, publiés par Lémontey. Paris, 1821.	2	in-8.
Histoire de Napoléon, par M. de Norvins. Paris, 1833.	4	in-8.
Bulletins de l'armée d'Allemagne.	1	in-8.
Mémoires pour servir à l'histoire du règne de Napoléon en 1815, par Chaboulon. 1820.	2	in-8.
Correspondance de Carnot avec Napoléon pendant les Cent-Jours. Paris, 1819.	1	in-8.
Manuscrit de l'île d'Elbe et de l'île Ste Hélène.	1	in-8.

Histoire particulière des anciennes provinces, des villes et des châteaux de France.

	vol.	form.
Les grandes Chroniques de Bretagne, par Alain Bouchard. 1532.	1	in-4.
L'Histoire de Bretagne, par Bertrand d'Argentré. Paris, 1618.	1	in-fo.
Traité de l'ancien état de la Petite-Bretagne et du droit de la couronne de France sur icelle, par Nicolas Vignier. Paris, 1619.	1	in-4.
Histoire ecclésiastique et civile de Bretagne, par Dom Morice. Paris, 1750.	5	in-fo.
Histoire des ducs de Bretagne, par Guyot des Fontaines. Paris, 1739.	6	in-12.
Histoire des rois et des ducs de Bretagne, par de Roujoux. Paris, 1839.	4	in-8.
Histoire de Bretagne, par Daru. Paris, 1826.	3	in-8.
Histoire de la Petite-Bretagne, par l'abbé Manet. Saint-Malo, 1834.	2	in-8.
Résumé de l'histoire de Bretagne, par Bernard. Paris, 1826.	1	in-18.
Recherches sur la Bretagne, par de La Porte. Rennes, 1819.	2	in-8.
Histoire de la réunion de la Bretagne à la France, par l'abbé Irail. P. 1764.	2	in-12.
Dictionnaire historique et géographique de Bretagne, par Ogée, 2.e édition. Rennes, 1840.	2	in-8.
Essai topographique, historique et statistique sur la ville de Rennes, par l'abbé Manet. Saint-Malo, 1838.	1	in-8.
De l'état ancien et de l'état actuel de la baie du Mont-Saint-Michel et de Cancale, par le même. Saint-Malo, 1829.	1	in-8.
Histoire générale de Normandie, par Gabriel Du Moulin. Rouen, 1631.	1	in-fo.
Les Conquêtes et trophées des Normands-Français aux royaumes de Naples et de Sicile, etc. par le même. Rouen, 1658.	1	in-fo.
Histoire générale du Languedoc, par Dom Vaissete et de Vic. Paris, 1730.	5	in-fo.

	vol.	form.
Histoire de Provence, par J. F. de Gaufridi. Aix, 1694.	1	in-f°.
* Histoire ecclésiastique et civile de Lorraine, par Dom Calmet. Nancy, 1728.	4	in-f°.
Abrégé chronologique de l'histoire de Lorraine, par Henriquez. Paris, 1775.	2	in-8.
Histoire des pays et comté du Perche et duché d'Alençon, par Gilles Bry. P. 1620.	1	in-4.
Essais historiq. sur l'ancien comté d'Evreux, par le chevalier Masson de Saint-Amand. Evreux, 1813.	1	in-8.
Histoire des ducs de Bourgogne de la maison de Valois, par M. de Barante. P. 1826.	13	in-8.
Paris ancien et nouveau, par Le Maire. 1698.	3	in-12.
Histoire des antiquités de Paris, par Sauval. Paris, 1724.	3	in-f°.
Le Théâtre des antiquités de Paris, par J. du Breul. Paris, 1639.	1	in-4.
Essai sur les Catacombes de Paris. 1812.	1	in-8.
Histoire et antiquités de la ville et duché d'Orléans, par Le Maire. Orléans, 1646.	1	in-4.
Histoire de la ville de Nismes et de ses antiquités, par Gautier. Paris, 1720.	1	in-8.
Lettres du R. P. Dom Toussaints du Plessis sur le Soissonnois, par Le Beuf. P. 1736.	1	in-12.
Tableau de la ci-devant province d'Auvergne, par Rabani, Beauregard et Gault. Paris, 1802.	1	in-8.
Tableau de Marseille. Marseille, 1810.	1	in-12.
Notice historique sur l'arrondissement des Andelys, par G. F. de la Rochefoucault. Paris, 1813.	1	in-8.
Essai sur la ville de Loudun, par Dumoustier de la Fond. Poitiers, 1778.	1	in-8.
Annuaire historique de l'arrondissement de Douai. 1809.	1	in-12.
Notice historique sur la ville de Saint-Claude (Jura), par Crestin. Paris, 1813.	1	in-8.
Souvenirs historiq. des résidences royales — Palais-Royal, — par M. Vatout. P. 1836.	1	in-8.
Histoire des révolutions de Corse, par l'abbé de Germanes. Paris, 1771.	3	in-12.

	vol.	form.
Mémoires historiques sur les principaux évè- nements arrivés dans l'île de Corse, par Jaussin. Lausanne, 1758.	2	in-12.
Essai sur l'île de Corse, par Ferrand Dupuy. Paris, 1776.	1	in-12.
Della guerra fatta da' Francesi nella Corsica libri otto di M. Merello. Genova, 1607.	1	in-4.

HISTOIRE DES ROYAUMES DU NORD DE L'ALLEMAGNE, DES PAYS-BAS ET DE LA SUISSE, ETC.

	vol.	form.
Histoire des gouvernements du Nord, trad. de l'anglais de Williams. Amsterdam, 1780.	4	in-12.
Abrégé chronologique de l'histoire du Nord, par Lacombe. Paris, 1768.	2	in-8.
Histoire politique de l'Allemagne, par le vi- comte de la Maillardière. P. 1777.	1	in-12.
Abrégé chronologique de l'histoire et du droit public d'Allemagne, par Pfeffen. P. 1754.	1	in-8.
Histoire du règne de l'empereur Charles V, trad. de l'angl. de Robertson. Amst. 1771.	6	in-12.
Essai sur l'histoire de la maison d'Autriche, par le comte de Girecourt. P. 1778.	6	in-12.
Histoire de la maison de Brunswick, par Mallet. Genève, 1767.	2	in-8.
Histoire de Hesse, par le même. P. 1757.	2	in-8.
Histoire du stathoudérat, par l'abbé Raynal. 1750.	2	in-12.
Histoire abrégée des provinces unies des Pays-Bas. Amsterdam, 1701.	1	in-f°.
Abrégé de l'histoire de Flandres. P. 1664.	1	in-12.
Histoire de la guerre de Flandre, trad. du latin de Strada par du Ryer. Paris, 1649.	2	in-f°.
De la Ligue Anséatique, par Mallet. 1805.	1	in-8.
Les Ligues Achéenne, Suisse et Hollandaise comparées, par de Mayer. P. 1787.	2	in-12.
Histoire militaire des Suisses au service de la France, par le baron de Zur-Lauben. 1751.	8	in-12.
Histoire de Genève, par Spon. Genève, 1730.	2	in-4.
Histoire de Genève, par Picot. Genève, 1811.	3	in-8.

vol. form.

Tableau historique des révolutions de Genève,
  par Divernois. Genève, 1782.   1   in-8.

HISTOIRE D'ANGLETERRE, D'ESPAGNE
ET DE PORTUGAL.

Angleterre ancienne, trad. de l'anglais de J.
  Strutt. Paris, 1789.   2   in-4.
Histoire d'Angleterre, d'Ecosse, d'Irlande,
  par André du Chesne. P. 1634.   1   in-f°.
Histoire d'Angleterre, par Hume. 1765.   6   in-4.
Histoire d'Angleterre depuis l'avènement de
  Jacques Ier jusqu'à la révolution, par Ca-
  therine Macaulay Graham, trad. par Mira-
  beau. Paris, 1791.   5   in-8.
Tableau de la Grande-Bretagne, par Baert.
  Paris, 1802.   4   in-8.
Anecdotes de la cour et du règne d'Edouard II,
  par Mmes de Tencin et E. de Beaumont.
  Paris, 1776.   1   in-12.
Histoire de Marie Stuart. Paris, 1795.   1   in-18.
Recherches sur les preuves de l'accusation in-
  tentée contre Marie Stuart. Paris, 1772.   1   in-12.
Histoire des deux derniers rois de la maison
  de Stuart, traduite de l'anglais de Fox.
  Paris, 1809.   2   in-8.
Les vraies Causes des derniers troubles d'An-
  gleterre, par Sorbière. Orange, 1653.   1   in-8.
L'Irrévocabilité du test prouvée par la mort
  de Charles Ier. 1688.   1   in-12.
Mémoires du règne de Georges Ier. 1729.   5   in-8.
Histoire du parlement sous Guillaume III.
  Amsterdam, 1703.   1   in-12.
Mémoires d'Edm. Ludlow. Amsterd. 1699.   3   in-12.
Lettres du vicomte de Bolingbroke. Paris,
  1808.   3   in-8.
Mémoires du colonel Lawrence. Amst. 1766.   2   in-12.
Histoire des progrès de la puissance navale de
  l'Angleterre, par de Sainte-Croix. 1783.   2   in-12.
Tableau de la situation des Anglais dans l'Inde,
  par Brissot de Varville. P. 1784.   1   in-8.

	vol.	form.
Histoire des colonies anglaises dans les Indes occidentales, trad. de l'anglais de Bryan Edouard. Paris, 1801.	1	in-8.
Histoire des îles de Jersey et de Guernesey, par Le Rouge. P. 1758.	1	in-12.
Histoire de Saint-Kilda, par Kenneth Macaulay. Paris, 1782.	1	in-12.
Parallèle des Carthaginois et des Anglais. 1757.	1	in-12.
Situation de l'Angleterre en 1811, par de Montgaillard. Paris, 1811.	1	in-8.
Décadence de l'Angleterre. Paris, 1816.	1	in-8.
Histoire des révolutions d'Espagne, par le P. d'Orléans. Paris, 1737.	5	in-12.
Mémoire pour servir à l'histoire du règne de Philippe V. Amsterdam, 1756.	4	in-12.
Histoire de Majorque avec ses annexes, par d'Hermilly. Maëstrickt, 1777.	1	in-4.
Histoire des révolutions de Portugal, par Vertot. Toulouse, 1811.	1	in-18.
Mémoires du marquis de Pombal. 1784.	4	in-12.

HISTOIRE DE SUÈDE, DE PRUSSE, DE POLOGNE, DE RUSSIE et DE TURQUIE.

	vol.	form.
Histoire des révolutions de Suède, par Vertot. Paris, 1768.	2	in-12.
Histoire de Gustave Adolphe, par R. de Prade. Paris, 1693.	1	in-12.
Histoire de Christine, reine de Suède, par La Combe. P. 1772.	1	in-12.
Histoire de la dernière révolution de Suède, en 1772, par Shéridan. P. 1783.	1	in-8.
Tableau de la vie et du règne de Frédéric-le-Grand, par Grimoard. P. 1788.	1	in-8.
Essai sur la vie et le règne de Frédéric II, roi de Prusse, par Denina. Berlin, 1788.	1	in-8.
Mémoires de Frédérique-Sophie-Wilhelmine de Prusse. Paris, 1813.	2	in-8.
Histoire des princip. évènements du règne de F. Guillaume II, roi de Prusse, par Ségur.	3	in-8.

	vol.	form.
Histoire de l'anarchie de Pologne, par Rulhière. Paris, 1807.	4	in-8.
Lettres particulières du baron de Vioménil sur les affaires de Pologne. P. 1808.	1	in-8.
Tableau de la Pologne ancienne et moderne, par Maltebrun. Paris, 1807.	1	in-8.
Histoire de Pologne sous Auguste II, par l'abbé de Parthenay. La Haye, 1733.	4	in-8.
Histoire de Jean Sobieski, roi de Pologne, par l'abbé Coyer. Paris, 1761.	3	in-12.
Les Russes en Pologne, par de Chazet. 1812.	1	in-8.
Histoire de la Russie ancienne et moderne, par Le Clerc. Paris, 1783.	6	in-4.
Mémoires historiques sur la Russie, par le général de Manstein. Lyon, 1772.	2	in-8.
Relation de la Rébellion de Stenko-Razin. Paris, 1672.	1	in-16.
Journal de Pierre-le-Grand. Londres, 1773.	2	in-12.
Histoire de l'empire de Russie sous Pierre-le-Grand, par Voltaire. Paris, 1813.	1	in-12.
Anecdotes sur la révolution de Russie en 1762, par Rulhière. Paris, 1797.	1	in-8.
Histoire de l'empire Othoman, trad. de Démétrius Cantimir, par de Jonquières. 1743.	2	in-4.
Révolutions de l'empire Othoman, par de Chénier. Paris, 1789.	1	in-8.
Mœurs et usages des Turcs, par Guer. 1747.	2	in-4.
Observations sur la religion, les lois, etc. des Turcs, par Porter. Paris, 1769.	1	in-12.

HISTOIRE D'ASIE.

Histoire des Sarrasins, trad. de l'anglais de Simon Ockley. Paris, 1748.	2	in-12.
Histoire des Arabes, par l'abbé de Marigny. Paris, 1750.	4	in-12.
Histoire des Druses, peuple du Liban, par Puget de Saint-Pierre. Paris, 1763.	1	in-12.
Histoire de Thamas Kouli-Kan. P. 1743.	1	in-12.
Description géographique, historique, chronologique, politiq. et physiq. de la Chine, par le P. du Halde. P. 1735.	4	in-f°.

	vol.	form.
L'Ambassade de la Compagnie des Indes orientales vers l'empereur de la Chine, recueillie par Jean Nieuhoff. Leyde, 1665.	1	in-f⁰.
Histoire des Indes oriental., par l'ab. Guyon, Paris, 1744.	3	in-12.
Histoire du Christianisme des Indes, par La Croze. La Haye, 1758.	2	in-12.
Histoire du Japon, par Kœmpfer. 1729.	2	in-f⁰.
Ambassades mémorables de la Compagnie des Indes vers les empereurs du Japon. 1680.	1	in-f⁰.
Recherches asiatiques, trad. de l'anglais par Labaume. Paris, 1805.	2	in-4.
Histoire de l'île de Ceylan, par Ribeyro. Paris, 1811.	1	in-12.
Histoire de Sumatra, trad. de l'anglais de Marsden par Parraud. Paris, 1788.	2	in-8.
Histoire abrégée de la Mer du Sud, par de La Borde, avec atlas. Paris, 1791.	3	in-8.
Histoire philosophique et politique des établissements des Européens dans les deux Indes, par Raynal. Genève, 1780.	5	in-4.

HISTOIRE D'AFRIQUE et D'AMÉRIQUE.

	vol.	form.
Relation de ce qui s'est passé dans le royaume de Maroc, de 1727 à 1737. Paris, 1742.	1	in-12.
Essai sur la population de l'Amérique. 1767.	4	in-12.
Mémoire philosophique concernant la découverte de l'Amérique, par don Ulloa. 1787.	2	in-8.
Mœurs des Sauvages Américains, par le P. Lafitau. Paris, 1724.	4	in-12.
Histoire des découvertes et conquêtes des Portugais dans le nouveau monde, par le même. Paris, 1783.	2	in-4.
Histoire de Kentucke, trad. de l'anglais de Filson par Parraud. Paris, 1785.	1	in-8.
Histoire de la Nouvelle-France, par le P. Charlevoix. Paris, 1744.	3	in-4.
Histoire naturelle et morale des Antilles, par Rochefort. Amsterdam, 1681.	1	in-4.
Précis historique de la révolution de Saint-Domingue, par Gilbert Guillermin. 1811.	1	in-8.

	vol.	form.
Histoire des Incas, trad. de l'esp. de Garcilasso de la Véga par Beaudouin. Amst. 1704.	4	in-12.
Histoire du Paraguay sous les Jésuites. Amsterdam, 1780.	3	in-8.
Relations des missions du Paraguay, trad. de l'italien de Muratori. Paris, 1754.	1	in-12.
Histoire des colonies européennes dans l'Amérique, trad. de l'angl. de Wil. Burk. 1780.	2	in-12.
Essais historiques et politiques sur les Anglo-Américains, par Hilliard d'Auberteuil. Bruxelles, 1781.	2	in-8.
Tableau et révolutions des colonies anglaises dans l'Amérique septentrion., par Raynal. Amsterdam, 1781.	2	in-12.
Observations sur la Virginie, par Jefferson. Paris, 1786.	1	in-8.
* Affaires de l'Angleterre et de l'Amérique, par Franklin.	3	in-8.
Histoire de la révolution d'Amérique, par Ramsay. Paris, 1787.	2	in-8.
Vie de Georges Washington, par le même. Paris, 1809.	1	in-8.

HISTOIRE DES RELIGIONS.

	vol.	form.
Cérémonies et coutumes religieuses de tous les peuples. Amsterdam, 1739.	7	in-fo.
Cérémonies funèbres de toutes les nations, par Muret. Paris, 1675.	1	in-12.
Recherches sur la diversité des langues et religions, par E. Brerewood, trad. par J. de la Montagne. Paris, 1690.	1	in-12.
Histoire ecclésiastique, par Fleury. P. 1691.	37	in-4.
Histoire ecclésiastique, par Mosheim. Maëstricht, 1776.	6	in-8.
Histoire ecclésiastique d'Allemagne. 1732.	2	in-12.
Essai historique sur les dissensions des églises de Pologne, par Bourdillon. Basle, 1767.	1	in-8.
Histoire du Concile de Trente de fra Paolo Scarpi, trad. par Amelot de la Houssaie. Amsterdam, 1686.	1	in-4.
La Vie des Saints. Paris, 1714.	4	in-8.

	vol.	form.
Nouvel abrégé des vies des Saints d'après Alban Butler. Paris, 1812.	2	in-12.
Histoire du monachisme, par de Vérité. Londres, 1788.	2	in-8.
Histoire des Vaudois, par Jean-Paul Perrin. Genève, 1619.	1	in-8.
Essai sur l'esprit et l'influence de la réformation de Luther, par C. Villers. P. 1804.	1	in-8.
Discours sur le même sujet, par Leuliette. Paris, 1804.	1	in-8.
Critique de l'histoire des flagellants, par Thiers. Amsterdam, 1732.	1	in-12.
OEuvres diverses du baron de Boock. 1788.	2	in-12.
Essai sur le Feu sacré et sur les Vestales. Amsterdam, 1768.	1	in-8.
Manuel des Inquisiteurs, par Nicol. Eymeric. Lisbonne, 1762.	1	in-12.
Mémoires de Gaudence de Lucques. Amterterdam, 1753.	4	in-8.
Histoire de l'Inquisition, par Marsolier. Cologne, 1693.	1	in-12.
Fatti attenenti all' Inquisitione. 1782.	1	in-12.
Histoire des diables de Loudun. Amst. 1694.	1	in-12.

HISTOIRE DES ORDRES DE CHEVALERIE ET DES CROISADES.
HISTOIRE HÉRALDIQUE et GÉNÉALOGIQUE.

	vol.	form.
Mémoires sur l'ancienne chevalerie, par de la Curne de Sainte-Palaye. Paris, 1759.	2	in-12.
Histoire des ordres monastiques religieux et militaires, par le Révérend Père Hélyot. Guingamp, 1838.	8	in-4.
Histoire des chevaliers de Malte, par l'abbé de Vertot. Amsterdam, 1766.	5	in-12.
Histoire des Templiers, Teutons et Hospitaliers, par Roux. Paris, 1725.	2	in-12.
La Condamnation des Templiers, par Dupuy. Paris, 1700.	1	in-12.

	vol.	form.
Mémoire de l'institution des Chevaliers hospitaliers du Mont-Carmel, par Toussaint de Saint-Luc. Paris, 1665.	1	in-12.
Histoire des Croisades, par Michaud. Paris, 1825-29.	6	in-8.
Etat général de la Légion-d'Honneur.	2	in-8.
Le Blason de la noblesse, par le P. Ménestrier. Paris, 1683.	1	in-12.
Le véritable Art du blason, par le même. Lyon, 1671.	1	in-12.
L'Art héraldique, par Playne. Paris, 1717.	1	in-12.
Traité de la noblesse et de son origine, par Belleguise. Paris, 1700.	1	in-12.
Traité de la véritable noblesse, par l'abbé de Mery. Paris, 1761.	1	in-12.
Origine de la noblesse française, par le vicomte d'Alès de Corbet. Paris, 1766.	1	in-12.
La Noblesse oisive. 1756.	1	in-12.
La Noblesse commerçante. Paris, 1756.	1	in-12.
La Noblesse commerçable. Amsterd. 1756.	1	in-12.
La Noblesse ramenée à ses vrais principes. Paris, 1759.	1	in-12.
Nobiliaire de Dauphiné, par Guy Allard. Grenoble, 1671.	1	in-12.
Recherches sur la noblesse de Perpignan et de Barcelone, par Xaupi. P. 1763.	1	in-12.
Le Calendrier des princes et de la noblesse de France. Paris, 1762-63.	2	in-12.
Etat de la noblesse, par de la Chenaye-Desbois. Paris, 1781.	1	in-12.
La France chevaleresque et chapitrale. 1787.	1	in-12.
Histoire généalogique de la maison de France, par le P. Anselme. P. 1712.	2	in-fo.
* — par les frères de Sainte-Marthe.	1	in-fo.
Le Palais de l'honneur, par le P. Anselme. Paris, 1668.	1	in-4.
Histoire des connétables, chanceliers, maréchaux, etc. par Leféron. Paris, 1667.	1	in-fo.
Mémoires du sire de Rieux. Paris, 1710.	1	in-4.
Mémoires sur l'état du clergé et de la noblesse de Bretagne, par le P. Toussaint de Saint-Luc. Paris, 1681.	2	in-8.

BIOGRAPHIE.

	vol.	form.
Dictionnaire historique de Bayle. Amst. 1734.	5	in-f°.
Biographie universelle publiée par Michaud. Paris, 1811-1842.	70	in-8.
Diogenii Laertii de vita et moribus philosophorum. Lyon, 1562.	1	in-16.
Les Vies des plus illustres philosophes de l'antiquité, trad. du grec de Diogène Laërce. Paris, 1796.	2	in-8.
Abrégé de la vie des plus illustres philosophes de l'antiquité, par Fénélon. Lyon, 1811.	1	in-12.
* Histoire des philosophes anciens, par Savérien. Paris, 1771.	5	in-12.
Les Vies des hommes illustres, par Plutarque (texte grec). Paris, 1808.	5	in-8.
Les Vies des hommes illustres, trad. du grec de Plutarque par Ricard. Paris, 1830.	10	in-8.
Abrégé des vies de Plutarque, par Acher. Paris, 1807.	4	in-12.
Vies des grands capitaines de l'antiquité de Cornélius Népos, traduites par l'abbé Paul. Paris, 1813.	1	in-12.
Les Vies des hommes illustres de la France, par d'Auvigny. Paris, 1739.	26	in-12.
* Histoire des généraux de la révolution, par Châteauneuf. Paris, 1810.	1	in-12.
Particularités sur les ministres des finances de France, depuis 1660 jusqu'en 1791. 1812.	1	in-8.
Galerie philosophique du 16.e siècle, par de Mayer. Londres, 1783.	2	in-8.
Galerie historique des contemporains. 1807.	8	in-8.
Dizionario storico degli autori arabi i piu celebri dal dottore Giambernardo de Dossi. Parma, 1807.	1	in-8.
Biographie des Malouins célèbres, précédée d'une notice sur la ville de Saint-Malo, par l'abbé Manet. Saint-Malo, 1824.	1	in-8.
Enfants devenus célèbres par leurs études. Paris, 1688.	1	in-12.
La Vie de Pythagore et d'Hiéroclès, par Dacier. Paris, 1706.	2	in-12.

	vol.	form.
Vie d'Apollonius de Tyane. Amsterd. 1779.	4	in-12.
Vie d'Apollonius de Tyane, par Le Grand d'Aussy. Paris, 1807.	2	in-8.
Abrégé de la vie de Sénèque, par Vernier. Paris, 1812.	1	in-8.
Vie de l'empereur Julien, par l'abbé de la Bleterie. Paris, 1746.	1	in-12.
Histoire de Zénobie, reine de Palmyre, par Euvoi de Hauteville. Paris, 1758.	1	in-12.
Histoire de l'impératrice Irène. Amst. 1669.	1	in-12.
Vie du bienheureux Jean de Châtillon, premier évêque de S.-Malo, par l'ab. Manet. Saint-Malo.	1	in-18.
Vie du comte Munich. Paris, 1807.	1	in-8.
La Vie de Pierre Arétin, par de Boispreaux. La Haye, 1750.	1	in-18.
Vie de Nicolo Franco, Paris, 1778.	1	in-12.
Vie de Giannoti Manetti. Paris, 1762.	1	in-12.
La Vie de Bacon, trad. de l'anglais. 1755.	1	in-12.
Histoire de la vie et des ouvrages d'Arnauld. Cologne, 1695.	1	in-12.
Mémoires de Gibbon, publiés par lord Sheffield. Paris, an v.	2	in-8.
Mémoires de la vie privée de Franklin. 1791.	1	in-8.
Vie de Rivarol, par S. de la Platière. 1802.	2	in-12.
Pétrarque à Vaucluse. Paris, 1803.	1	in-8.
Vie d'Ulrich Zwingle, par J. G. Hess. 1810.	1	in-8.
Apologie de l'abbé de la Trappe, par J. B. Thiers.	1	in-12.
Eloge de Danville. Paris, 1802.	1	in-8.
Eloge de Montaigne, par Villemain. 1812.	1	in-4.
— — par Droz. Paris, 1812.	1	in-4.
— — par Jay. P. 1812.	1	in-8.
— — par Victorin Fabre.	1	in-8.
Montaigne, — discours n.º 2. — P. 1812.	1	in-8.
Eloges du maréchal de Catinat, du chancelier de L'Hospital, de Thomas et de Claire-Franç.se de Lespinasse, par Guibert. 1806.	1	in-8.
Eloge de M.l de L'Hôpital, par l'abbé Rémy. Paris, 1777.	1	in-8.
— — par Garat. 1778.	1	in-8.
— — par Condorcet.	1	in-8.

	vol.	form.
Eloge de M.¹ de L'Hôpital, par un vieux avocat. Edimbourg. 1776.	1	in-8.
Eloge de Colbert, par Necker. P. 1773.	1	in-8.
— — par Coster. Paris, 1773.	1	in-8.
Eloge de Molière. Paris, 1769.	1	in-8.
Panégyrique de S.-Louis, par l'abbé Maury. Paris, 1772.	1	in-8.
Eloge de Charles V, par l'abbé Menard. Paris, 1767.	1	in-8.
Eloge de Henri IV. Paris, 1776.	2	in-8.
— du duc de Vendôme, par de Villeneuve. Agen, 1784.	1	in-8.
— de Philippe, duc d'Orléans, régent du royaume. Paris, 1778.	1	in-8.
— de La Fontaine, par Chamfort, suivi de deux autres éloges du même poète. Marseille, 1774.	1	in-8.
— de Racine, par La Harpe. P. 1771.	1	in-8.
— d'Helvétius.	1	in-8.
— de Piron, par Perret. P. 1774.	1	in-8.
— de Socrate. 1777.	1	in-8.
— de Haller, par Tscharner.	1	in-8.
— de Franklin, par l'ab. Fauchet. 1790.	1	in-8.
— de Fénélon, par La Harpe. P. 1771.	1	in-8.
— — par l'abbé Maury.	1	in-8.
— de Catinat, par La Harpe. P. 1775.	1	in-8.
— de Suger, par Garat. P. 1789.	1	in-8.
— de Fontenelle, par le même. P. 1784.	1	in-8.
— du duc de Montausier, par Lacretelle. Paris, 1781.	1	in-8.
— de Descartes, par Gaillard. P. 1765.	1	in-8.
— de Sonnini, par Thiébault de Berneaud. Paris, 1812.	1	in-8.
— de Jenner, par le docteur Lettsom. Paris, 1811.	1	in-8.
— de Duclos, par Denoual de la Houssaye. Paris, 1806.	1	in-8.
— de la Bruyère, par T. de N.	1	in-8.
— de Pascal, par A. Dumesnil. P. 1813.	1	in-8.
— — par B. D. Gand, 1813.	1	in-8.
Elogio del signor abate Carlo In. Frugoni.	1	in-8.
Recherches biographiques sur Lombard.	1	in-8.

	vol.	form.
Notice biographique sur M. Bertin.	1	in-8.
Notizie del canonico Sozomeno. Pisa, 1810.	1	in-8.

MANUSCRITS.

Mémoire sur les antiquités de l'arrondissement de Fougères, par M. Rallier. — Ecriture moderne. — Un cahier in-fº de 44 pages.

Notes sur Tacite, par M. Rallier. — Ecriture moderne. — Trois cahiers in-fº, le premier de 49 pages, le deuxième de 45, le troisième de 13 pages.

Rhétorique française, par M. Rallier. — Ecriture moderne. — Quatre cahiers petit in-fº, formant 169 pages de texte, non compris la table. — *Il manque un cahier de 81 à 122.*

Eléments de poétique, par le même. — Ecrit. moderne. — Deux cahiers petit in-fº, 52 pages de texte, non compris 10 pages de vers latins tirés de différents auteurs.

Joannis Commirii opera, 1808-1810. — Ecriture moderne. — Trois cahiers formant en tout 199 pages.

OUVRAGES OMIS DANS LE CATALOGUE.

POÉSIE.

	vol.	form.
OEuvres de Nic. Boileau Despréaux. P. 1713.	1	in-4.
Il Pastor fido del cavalier Guarini. 1763.	1	in-8.

PHILOLOGIE.

	vol.	form.
Nouveaux mémoires d'histoire, de critique et de littérature, par l'ab. d'Artigny. 1749.	7	in-12.

HISTOIRE DE LA LITTÉRATURE.

	vol.	form.
Essai sur l'histoire littéraire de Pologne. 1778.	1	in-12.

AGRICULTURE.

	vol.	form.
Maison rustique du 19.e siècle. P. 1842.	4	in-8.

www.ingramcontent.com/pod-product-compliance
Lightning Source LLC
Chambersburg PA
CBHW052048270326
41931CB00012B/2685